たからづか学

まちの姿と歴史文化が語る宝塚

定藤繁樹 [編著]

関西学院大学出版会

たからづか学

まちの姿と歴史文化が語る宝塚

はじめに

　本書『たからづか学』で扱う宝塚市は、兵庫県南東部に位置する阪神間を代表する都市の1つである。2014年には宝塚歌劇100周年、市制60周年、手塚治虫記念館開館20周年のトリプル周年を迎えた。全国的に有名な宝塚歌劇や温泉のある観光都市としてのイメージが強いが、これと同時に大阪・神戸などへ通勤する住宅都市でもあり、毎年公表される「住みたい都市」では常に高順位にノミネートされている。本書はこの宝塚についての歴史・文化・自然・産業などについての紹介および考察を目的として執筆されている。

　私が勤務する関西学院大学は、この宝塚市に隣接する西宮市にメインキャンパスを置いている。本学は宝塚市との間に、連携協力に関する協定を締結（2004年2月）し、行政・商店街・自治会・NPO・商工会議所などと連携して、宝塚市の中心市街地（宝塚駅―宝塚南口駅―逆瀬川駅の周辺部）を活性化する取り組みを始めた。この取り組みは、「地域フィールドワーク」という大学の正規科目に位置づけられ、2014年3月に終了するまでの間に延べ500名近い学生が参画した。

　この「地域フィールドワーク」に参画する学生が、宝塚に関する基礎知識を習得できるようにするため、連携講座「たからづか学」が2004年春学期から開講された。もちろんフィールドワークに参画しなくても関心があれば受講は可能である。この連携講座「たからづか学」は、宝塚の歴史・文化・自然・産業・市民活動などに詳しい講師陣が、それぞれの得意分野をオムニバス方式で受け持ち、宝塚についての多角的かつ詳細な講義が展開されている。

　本書『たからづか学』は、この連携講座を担当する講師によって執筆された。3部10章および2つのコラムからなる本書の構成は、第1部　宝塚の歴史・文化・自然、第2部　宝塚歌劇、第3部　宝塚の産

業である。

第1章「宝塚、歴史（ヒストリー）が紡ぐ物語（ストーリー）」（執筆者：河内厚郎）は、仏教が伝来した6世紀から中世・近世、そして近代・現代に至る宝塚の歴史を文化財・文学・芸術との関わりの中で紹介している。古代から現存する由緒ある寺院群、古典文学に取り上げられる宝塚、中世末期から栄えた寺内町・小浜、近現代文学に取り上げられる宝塚、劇場都市・映画の都・モダニズム建築、手塚治虫のストーリー漫画に繋がる宝塚の歴史が記述されている。

第2章「小林一三と阪急電鉄・関西学院」（執筆者：髙橋保裕）は、阪急電鉄の創始者であり宝塚歌劇の生みの親である小林一三について、その独創的な経営者像を提示している。ターミナルデパートの創建、分譲住宅の割賦販売、テーマパーク創設など、鉄道事業と関連する小林の斬新なアイデアに基づく新規事業を紹介している。また関西学院が神戸原田の森から西宮上ケ原に校地移転（1929年）した背景と、現在の阪急今津線沿線の展開について言及している。

第3章「宝塚市　ほんの1日の小旅行」（執筆者：永田雄次郎）では、最寄りの鉄道駅で手軽に入手できる駅周辺イラストマップを手にして、宝塚市の観光名所、歴史・文化財を探訪する様子が軽妙に語られている。仏教伝来のころに創建された中山寺、十一面観音菩薩立像で有名な泉流寺、植木産地である山本地区、中世から繁栄した宿場町・小浜地区など気楽に歩きながら学べる歴史と文化が紹介されている。

第4章「宝塚市北部地区に残る自然」（執筆者：服部保）では、宝塚市北部に広がる自然豊かな西谷地区の2つ湿原（松尾湿原、丸山湿原）について詳細に知ることができる。西谷地区は標高400m前後の山々、里山、棚田、ため池などの広がる地域であり、ダリア（上佐曽利地区）、ボタン（長谷地区）の生産でも有名である。この西谷地区に残る貴重な湿原の成立、豊かな生物相について紹介されている。

Column 01「宝塚市花のすみれ」では、市花に指定されているスミ

レが宝塚歌劇の代表歌『すみれの花咲く頃』に由来すること、パリに留学した歌劇団演出家の白井鐵造がその原曲を持ち帰って1930年にレビュー『パリゼット』で紹介したこと、そのスミレは開花期が長く、花色や形が多様性に富み芳香のあるニオイスミレであろうと推論されている。

第5章「宝塚歌劇100年の軌跡」（執筆者：瀬川直子）は、独身女性だけで演じられ、2014年に創設100周年を迎えた宝塚歌劇の草創期から現代までの発展の軌跡を執筆している。創設者小林一三、草創期の作品群、白井鐵造の帰朝、太平洋戦争下の歌劇、大ヒット作『ベルサイユのばら』などについて紹介している。また宝塚歌劇の特色、舞台装置、宝塚のまちとの関わり、コンテンツビジネスとしての歌劇などについても言及している。

第6章「宝塚歌劇の演出技法」（執筆者：太田哲則）は、歌劇音楽、ダンス、セリフなどで構成される舞台芸術としての宝塚歌劇の製作過程を、演出家の視点から執筆している。台本を作成し、ポスター写真・チラシのデザインを提案し、衣装に気を配り、舞台美術のデザイン提案を受け、大劇場や出演者のサイズに配慮し、製作予算を調整し、振り付けを指導し、稽古を付けて、はじめて初演日を迎える製作プロセスが軽妙に紹介されている。

第7章「宝塚歌劇の作品と『主題歌』——劇場・公演形態・出版楽譜を通して」（執筆者：阪上由紀）では、時代とともに変わる公演形態や作品の動向、主題歌の役割、劇場や観客、出版物などの変遷を扱っている。大正期には、お伽歌劇に加え、歌劇、喜歌劇、舞踊などのジャンルが、昭和前期には華やかなレビュー、戦中の軍国主義的な色彩の強い作品、そして戦後に現在の上演スタイル（実上演2時間半、幕間30分）が確立される経緯が明らかにされた。

Column 02「私と宝塚——但馬久美インタビュー　音楽学校から在団中の生活と出会いを経て」は、1964年に宝塚音楽学校を卒業して

からの20数年間、男役として宝塚歌劇の舞台で活躍した但馬久美さんへのインタビューコラムである。音楽学校での生活、ダンスを習った恩師、稽古場の様子、男役としてのデビュー、海外公演などについて語られた。

第8章「宝塚市の産業とまちの活性化」（執筆者：山本寛）では、戦後から現在にいたる宝塚市の産業特性が明らかにされている。「歌劇と湯のまち」として栄えた大正・昭和の時代、温泉街の衰退と宝塚ファミリーランドの閉園（2003年）の影響、商店街の空洞化などの状況が記述されている。また技術力の高い特色ある企業、北部地区での農業振興、歌劇や手塚治虫記念館などの文化産業、住宅都市としての方向性などについて考察されている。

第9章「歴史から見る宝塚の温泉産業」（執筆者：小早川優）では、古代から現在にいたる宝塚温泉の歴史に焦点があてられた。明治末期からの電鉄開設、新温泉の開発、宝塚ファミリーランドの開業などに伴って、宝塚は大正期から昭和期にかけて「関西の奥座敷」とよばれる一大温泉地として栄えた。しかし、日本万国博覧会（1970年）をピークに衰退が始まり、現在では温泉ホテル数軒が残っている状況と温泉の効能などが明らかにされる。

第10章「植木産業の今とむかし」（執筆者：阪上栄樹）では、平安時代後期から始まる山本地区での植木産業の歴史と現状が執筆されている。山本地区の植木産業は日本4大産地の1つとして1000年を超える歴史があり、特に16世紀末に当時としては画期的な接木法が考案された。近年山本地区の植木産業は宅地化農地としての課税のため、植木業者数、耕作面積とも急激に減少しているが、2000年には宝塚市立宝塚園芸振興センター（あいあいパーク）がオープンして活況を呈している。また花卉・植木産業振興のためのプロジェクトが編成され、振興策が講じられていることが紹介されている。

本書は、上記のように3部10章、2つのコラムによって構成され

ている。各章ごとに執筆者が異なるため、文体に統一性がないことは
否めないが、歌劇や温泉でイメージされる宝塚だけではなく、歴史性・
文化性・現代性に彩られる多様性のある「たからづか」について深く
考察している。そのため、書籍名はあえてひらがなで『たからづか学』
とした。本書が学生のみならず、宝塚市民の皆さん、「たからづか」
に関心のある一般読者にも読んでいただけることを編集責任者として
期待したい。尚、宝塚市の公式文章では「塚」を使用しているようで
あるが、ここでは市に関連するものにも「塚」を使用している。

　2017 年 10 月

　　　　　　　　　　　　　　　　　関西学院大学経営戦略研究科
　　　　　　　　　　　　　　　　　教授　定藤　繁樹

目次

はじめに　　　　　　　　　　　　　　　　　　　　　3

第1部　宝塚の歴史・文化・自然─────────11

第1章　宝塚、歴史（ヒストリー）が紡ぐ物語（ストーリー）
河内厚郎 ……………………………………13

第2章　小林一三と阪急電鉄・関西学院
髙橋保裕 ……………………………………45

第3章　宝塚市 ほんの1日の小旅行──電車の姿とともに
永田雄次郎 …………………………………57

第4章　宝塚市北部地域に残る自然
服部　保 ……………………………………73

Column 01　宝塚市花のすみれ　　90

第2部　宝塚歌劇───────────────95

第5章　宝塚歌劇100年の軌跡
瀬川直子 ……………………………………97

第6章　宝塚歌劇の演出技法
太田哲則 ………………………………… 131

第7章　宝塚歌劇の作品と「主題歌」
──劇場・公演形態・出版楽譜を通して
阪上由紀 ………………………………… 157

Column 02 私と宝塚——但馬久美インタビュー
音楽学校から在団中の生活と出会いを経て　183

第3部　宝塚の産業 ——————————— 187

第8章　宝塚市の産業とまちの活性化
山本　寛 ……………………………………… 189

第9章　歴史から見る宝塚の温泉産業
小早川 優 ……………………………………… 207

第10章　植木産業の今とむかし
阪上栄樹 ……………………………………… 223

おわりに代えて　235

補論　236

執筆者一覧　243

第1部
宝塚の歴史・文化・自然

第1章

········· ·········

宝塚、歴史(ヒストリー)が紡ぐ物語(ストーリー)

河内厚郎
(阪急文化財団 理事)

1 巡礼の聖地として

　宝塚は古来より“祈りの地”として知られてきた。眼下に広がる市街地を見守るような長尾山系の山裾には、台所の神様「清荒神清澄寺」、衣食財の神様「売布神社」、“眠り観音”として親しまれる「泉流寺」など、大小十数に及ぶ神社仏閣が並ぶ。

　なかでも大本山中山寺は、安産祈願・子授け祈願の寺として、また西国三十三所第二十四番札所として全国に名を馳せ、連日、多くの人々が参拝に訪れる。奇しくも 2018 年は巡礼草創千三百年に当たる。わが国最古の官寺である四天王寺（大阪市）より、さらに創建が古いともいわれる、中山寺の起源は、仏教が渡来した 6 世紀にさかのぼる。

　中山寺の境内には、仲哀天皇の先の妃、大中姫の御陵と伝わる「石の唐櫃」がある。仲哀天皇の後の后となった神功皇后の軍に滅ぼされた忍熊皇子（大中姫の子）の亡骸を納めたという石棺からは、1 羽の白鳥が飛び立ち、巨大な岩影に消えたと言い伝えられてきた。中山寺から約 2km 登った奥の院（元中山寺）の縁起には、聖徳太子が大仲姫のお告げによりこの山を開き、忍熊皇子の鎮魂供養とみずからが滅ぼした物部守屋の障りを除くために当寺を建立したとあり、奥の院本堂の本尊・厄神明王は本邦初の厄神明王とされる。

　観音信仰が中国大陸や朝鮮半島から渡来して最初にたどり着いたの

図1-1　大本山 中山寺

が中山寺であったらしく、当時の寺は、高度な文化と智恵、優秀な人物が集まる大学のようなところであり、諸外国から来る人々を迎え入れる迎賓館でもあった。仏教を主体にして国を作ろうとしていた頃には、当然、そういう施設が必要であった。

　中山寺が真言宗となったのは、宇多天皇が中山寺に別所院を建て住まいとした後のことで、宇多天皇の勅願御祈祷所となった。のちには、日本初となる武士の独立王国を摂津国多田（川西市多田）に築いた、清和源氏の始祖・源満仲の祈願所となり、源平争乱後には源頼朝が復興している。かつては高野山・比叡山に匹敵する堂塔伽藍を誇った中山寺も、荒木村重の乱など3度の兵火に焼かれ、現在の寺域は往時の20分の1程度。それでも、「望海楼」（徳川家光・再建）の異名をとる山門をくぐり、本堂まで上ってゆく参道は、日本最古の観音霊場にして「極楽中心の寺」、西国巡礼街道を統括する聖地の偉容を誇る。

　本尊十一面観世音菩薩と、その両脇に立つ脇侍の十一面観音を合わせると全部で33面あることから、「中山寺の観音さんにお参りするだ

けで西国三十三所を巡ったと同じ御利益がある」と信じられてきた。毎年8月9日、夜10時から行われる大会式（星下り）では、西国三十三所の観音様が星にのって中山寺に参集し、この1日だけで4万6千日分の御利益があるとされていて、盛大な大法会の営まれる境内は深夜までにぎわう。

　女性が気軽に旅行できなかった時代、子授けから安産まで、女性の信仰厚い中山寺の存在は大きな救いであった。継子いじめをしていた源行綱（多田行綱）の妻を本尊十二面観音が鐘の緒（腹帯）をつかって戒めたという中山寺は、女人救済の寺となり、安産祈願の法要が行われてきた。豊臣秀吉が詣でたことで秀頼が産まれたとされているし、中山一位局は鐘の緒を受けて明治天皇を平産、中山寺は日本唯一の明治天皇勅願所となった。現・美智子皇后も、皇太子（浩宮）出産の折、中山寺の腹帯を求めている。

　また、こんな言い伝えもある。源行綱が子授け祈願に来ていたが、そんなある日、妻が夫の浮気を疑って一緒に付いてきた。本当に祈願とわかって安堵したが、その疑心が観音の戒めに合って、長い髪が鐘の緒に巻き付き締め上げられてしまう。改心した妻がその後めでたく懐妊したという話が噂となって広まり、皆が鐘の緒をちぎって持って帰るようになったので、天井からほんのちょっとしか残っていない。それで、鐘の緒の替わりに綿の白布を帯にしたのであるが、昔、布はお金に変わる高価なものであったから、使い回しをして、帯に「寅年・男」などと書き、妊婦から妊婦へとバトンタッチしていったことで、「私も頑張ったから、あなたも怖がらずに、これを身に付けて頑張るのよ」という感情の連帯感が生まれた。それが中山寺の腹帯であり、谷崎潤一郎の名作『細雪』にも安産祈願の寺として登場する。

　「西国三十三所観音霊場巡礼」は、988年、花山法皇の発案とされる。7世紀に徳道上人が夢のお告げで授かり「石の櫃」に納めたという三十三の宝印を掘り出した法皇は、一定地域内で聖地の数を限定して

巡るという、日本特有の巡礼ツーリズムを興した。霊場巡拝のかなわぬ人のため、根本道場の中山寺に参詣することで三十三所巡拝と同じ功徳を得られるとしたのは後白河法皇であり、宝塚市内では山本から清荒神の参道あたりまで道をたどることができる。

この西国巡礼街道を世界遺産に登録しようとする動きがある。その先駆けとして始めたのが奥の院の「誰でもできる千日回峰行」で、もうすぐ1万人に達する。スペインの巡礼の道よりはるかに長く、笈摺を身に着け、杖をつき、菅笠を被って行くスタイルも世界遺産にふさわしい。今も実際に人々が歩いている、日本が誇るべき遺産だ。

荒神さんは日本全国数々あれど「清荒神だけは別格の日本一」といわれるのは、896年に宇多天皇が清澄寺を建立した際、仏法の守り神として境内に三宝荒神を勧請したところ、社殿の榊に荒神尊の像が浮かびあがったとの報を受けたからだという。

「日本第一清荒神」の尊号を授けた宇多天皇は、中山寺との関わりも考え合わせると、まことに宝塚の地と縁の深い天皇であった。

『平家物語』巻第六の「慈心房」には、清澄寺に関する次のような物語がある。

　　慈心房尊恵という僧が修行のため清澄寺に来て何年も経った、1172年12月の某夜、尊恵が経を読んでいると、1人の男が現れ、閻魔王からの招待状を差し出した。10万人の僧を集めた法華経会に招待するというので、使者に従って冥界に赴き、閻魔王と対面して、悟りの境地に至る法を授かった。感激した尊恵が「平相国（清盛）と申す者が、摂津国の和田の岬を点じて10余町四方の土地に建物をつくり、多くの僧侶を集めて読経させ、お勤めをさせております」と語ると、閻魔王が「その平相国はただの人ではない。本当は慈恵僧正（天台宗中興の祖とされる僧・良源）の生まれ変わりであり、天台の教えを守るために生まれ変わったの

第1章　宝塚、歴史（ヒストリー）が紡ぐ物語（ストーリー）　17

図1-2　大本山 清荒神清澄寺

だ。私は1日3回、清盛を礼賛して文（もん）を唱えている。この文を持ち帰って差し上げなさい」と経文を授けたので、尊恵は天空を駆ける車に乗って死者の国からこの世に帰り（蘇生し）、閻魔王の文を持って訪ねた。喜んだ清盛は尊恵をもてなし、いろいろな贈り物もして、律師（僧の官位）の位を与えた。

『平家物語』では悪人に描かれている平清盛が、ここでは徳の高い僧の生まれ変わりと説かれている。清澄寺に伝わる『冥途蘇生記』という、室町時代に筆写された史料に書かれた物語もほぼ同じ内容で、その1部は『平家物語』にも書かれた清盛に関するエピソード、もう1部は後編の形をとり、有馬の温泉寺に関わる話となっている。閻魔王宮を4度目に訪れた尊恵は、箱を収めた法華経を持ち帰り、閻魔王のすすめに従い、「閻魔王宮の東の門」に当たる有馬の温泉寺に埋めたとされている。古い記録によれば、中世、有馬の温泉寺では縁起3巻の絵巻物を湯治客に有料で見せていたが、その内容も『冥途蘇生記』に近いものであった。

18　第1部　宝塚の歴史・文化・自然

　現在、温泉寺の本堂の前には、鎌倉時代中後期の作と推定される2基の五輪塔が建ち、向かって左が平清盛の塔、右が慈心房尊恵の塔であると言い伝えられてきた。2人の供養塔であろうか。

2　宝塚と古典文学

　この巡礼路を模したのが、弘法大師の足跡を巡る四国八十八ヶ所巡礼であり、そのミニチュアがある満願寺（川西市の飛び地）には、藤原仲光・美丈丸（美女丸ともいう）・幸寿丸の石塔が並び、「三廟」と呼ばれて、次のような伝説がある。

　　源満仲の末子・美丈丸は、親も手を焼く腕白で、困り果てた満仲は波豆に住む弟の満政に預けたが、満政も扱いかね、中山寺で修行させることにした。それでも美丈丸の行状はよくならず、僧たちは多田院へ引き取るよう頼んだ。久しぶりにわが子と対面した満仲は、14歳にもなったというのに字も読めぬ美丈丸に激怒し、「お前のような者は生きていても仕方がない」と刀を抜いた。必死に押しとどめる家臣の藤原仲光に「この刀で首をはねよ」と命じ、満仲は去る。自分の屋敷に美丈丸を連れ帰った仲光が、なんとか主君の子を救う手立てはないものかと思いあぐねていると、息子の幸寿丸が「私が身替わりになりましょう」と申し出た。主君の命を救うことは武士の栄誉と言い聞かせてきた仲光は、心乱れつつも息子のけなげな決意を誉めた。翌日、仲光が多田の満仲邸に行き、首を差し出すと、さすがの満仲も直視できず、無言で奥に下がった。幸寿丸が自分の身替わりになったと知った美丈丸はようやく自分の愚かさに気づき、朝な夕なに幸寿丸の菩提を弔い、修行に励んだ。時は流れ、源賢と名を改め立派な僧となった美丈丸は、師の恵心僧都と多田院を訪ねる。仏事を終えた恵心

が源賢を引き合わせたところ、死んだはずのわが子の姿に驚き、真相を知った満仲は、仲光を呼び、幸寿丸の首をはねさせたことを深く詫びると共に、親子の忠義心をたたえた。源賢が亡くなったとき、仲光と幸寿丸の献身を語り継ごうと、満願寺には3人の墓が並んで建てられた。

　この悲痛な話は、能（謡曲）の『満仲』となり（観世流では『仲光』）、さらには近世の浄瑠璃や歌舞伎にみる「身替わり物」（『一谷嫩軍記』『菅原伝授手習鑑』『競伊勢物語』等）のルーツとなった。

　満願寺には、満仲の子・源頼光の四天王と呼ばれた、坂田金時（金太郎）の墓もある。

　武勇にすぐれて藤原道長に仕え、歌人としても秀で、『後拾遺和歌集』に作品がある、藤原保昌（958-1036）は、摂津守となって宝塚の平井に住んだことから、平井保昌とも呼ばれて、歌舞伎にも登場する歴史上の人物となった。妻は名高い女流歌人の和泉式部であり、式部のものと伝わる墓が伊丹市内にある。

　百人一首にある「有馬山　ゐなの笹原　風ふけば　いで　そよ人を忘れやはする」は、紫式部の一人娘、大弐三位（999年頃から1082年頃）の歌で、現代語訳にすると〈わたしがあなたを忘れる？　そんなこと有馬山（ありません）　否の笹原に風吹けば　そよそよとやさしい葉ずれ　そうよ　どうして貴方のことを忘れられましょうか〉となろうか。

　「ゐな」は「稲野」が本当の名で、伊丹に稲野神社、池田に猪名津彦神社、箕面に為那都比古神社があることを考えると、今の阪急宝塚線から伊丹線にかけての地域を古代の人々は「いな」と呼んでいたらしく、『万葉集』にも「しなが鳥猪名野を来れば有間山夕霧立ちぬ宿は無くて（万葉集：巻七）と詠われて、宝塚歌劇団出身の女優、有馬稲子の芸名はこの歌から採られた。

20 第1部 宝塚の歴史・文化・自然

　武庫川を詠んだ古歌には「武庫川の水脈を早みか赤駒の　足搔く激
に濡れにけるかも」（万葉集：巻七）があり，猪名川を詠んだ歌には「か
くのみにありけるものを猪名川の沖を深めてわが思へりける」（万葉
集：巻十六）がある。

　清少納言（966年頃から1025年頃）の『枕草子』十二段に記述の
ある「峰は　ゆづるはの峰」は、一説によれば、宝塚市小林にある譲
葉山だといわれる。

　「あの武庫山おろし譲葉が岳より吹き下ろす嵐に、この御舟の陸地
に着くべきやうもなし」と、謡曲『船弁慶』（室町中から後期）にあ
る「武庫山おろし」とは、六甲おろしのことだ。

　鎌倉幕府五代執権の北条時頼（1227-1263）は、1256年に最明寺で
出家したことから、最明寺入道とも呼ばれた。身分を隠して諸国を旅
したとの伝説があり、山本の山中に庵を結んだとされていて、宝塚市
内の最明寺滝・最明寺川の地名はこの伝説に由来する。

　俳人の与謝蕪村（1716-1784）は、「養父入は中山寺の男かな」とい
う句で、中山寺の寺男を詠んだ。養父入とは、正月と盆に奉公人がも
らう休暇〈やぶ入り〉のことであり、寺を出て実家へ向かうときの、
解放された心情を表している。「やぶいりや余所目ながらの愛宕山」
も蕪村の句であり、中山寺の境内に愛宕社があることを考えると、こ
れも中山寺の寺男を詠んだ句かもしれない。

　この2句と寺男の絵を描いた「やぶ入り二句」の自画賛は逸翁美術
館（池田市）が所蔵している。（「逸翁」とは、阪急東宝グループの創
業者、小林一三の号）

　歌舞伎や文楽で上演頻度の高い『双蝶々曲輪日記』（1749、大坂
竹本座初演）は、大坂新町の遊女・吾妻と山崎与次兵衛を主人公に展
開する、「吾妻与次兵衛物」と呼ばれた一連の作品群のなかでも人気
の高い演目だ。与兵衛のモデルは、山本の植木屋で富豪だった坂上與
次兵衛とされており、名妓の吾妻太夫を身請けして山本に住んだとさ

れる。吾妻は晩年、西国巡礼街道沿いの正念寺に庵を結び、中山寺の参詣者に茶をふるまったといわれ、正念寺の境内に墓がある。

弓矢発祥の地とされる山本には、坂上田村麻呂を祖とする坂上氏が、多田源氏の御家人として源満仲に従い、この地にやってきて開拓したとの言い伝えがある。前九年の役（1051-1062）で名をはせた坂上頼継は晩年、山本に隠居住まいし、出家して大連坊と号した。園芸を好み、山本の植木業の先駆けになったともいわれる。園芸・造園業者の数が200軒を超える山本地区が鎌倉時代から園芸の中心地となった理由としては、北側にそびえる長尾山系の土が柔らかく、そこから流れ出る天神川の砂が鉢植えに適していたことがあげられる。

西国巡礼街道の通る、阪急宝塚線「山本」駅前の「木接太夫彰徳碑」（1912年竣工）の周辺を歩くと、閑静な住宅街のなかに多くの植木圃場が目に入る。豊臣時代、この地に平安中期から住む坂上（阪上）氏の子孫で山本の荘司を務めた坂上頼泰は、研究を重ね、シャクヤクにボタンを接ぐなど、栽培しやすく丈夫な台木に良質ながら栽培しにくい花木を接ぐ「接ぎ木」の技法を確立した。今ならノーベル賞級の技術開発であり、花木を好んだ秀吉は頼泰を話し相手とし、「木接太夫」の称号を与えた。[第3章6節、第10章1節参照] 山本から始まった接ぎ木の技法は近隣へも広まり、異なる3色の花を咲かせる「南京桃」は伊丹の特産品となり、宝塚スターの名を冠せた「天津乙女」という伊丹産の名品種ものちに生まれた。

3 近世都市へと発展

15-16世紀。畿内や北陸に出現した「寺内町」は、浄土真宗の寺の周囲を町家で取り囲み、その外周を堀や土塁などで囲むという城塞的な地形を特徴とした。布教に便利な交通の要衝に建設されて、町内には職人や商人が居住し、商業活動も盛んに行われた。他宗の信徒や武

士団から攻撃された際は僧侶や門徒が防衛に当たるという自治都市であったが、毫摂寺の寺内町として成立した「小浜庄」は、明応年間（15世紀末）に僧・善秀が開いたと『摂陽群談』（1701）に記されていて、町の中心にある毫摂寺もこの頃の創建と考えられている。

　中世末期に「東の堺、西の小浜」「海の堺、陸の小浜」と並び称された小浜の町並は、寺内町の特徴を今もよく備えている。西側は北から流れてくる大堀川が堀の役割を果たし、東側は堀がわりの谷ノ上池・下池（現存せず）と土塁で防備され、町割は敵が通りにくいよう道路の交差を食い違わせた升目割りとなっている。売布に住んだ編集者の綾羽一紀は、現代人がタイムスリップして小浜らしき古い町に迷いこんでしまうという幻想小説を発表し、『幻の町』という名で根津甚八の主演によりテレビドラマ化された。

　「小浜御坊」とも呼ばれた毫摂寺には、豊臣秀吉・秀次の一行が有馬湯治に向かう途中に宿泊した。秀次は住職の娘・亀姫を見そめ、側室「小浜の局」として寵愛したという。実子に恵まれなかった秀吉は甥の秀次を養子にして後継者にもと考えていたが、側室・淀とのあいだに秀頼が生まれると秀次は遠ざけられるようになり、「謀反の疑いあり」として切腹を命じられた。妻や側室、子供ら 30 人余も首をはねられ、亀姫も一族と殉じ、実家の毫摂寺も秀吉の家来に焼かれたという。

　有馬街道・西宮街道・京伏見街道が交差する小浜町は、東は京・伏見、西は西宮から兵庫を経て播磨方面へ、北は丹波・丹後へ、南は大坂へと通じる「小浜宿」として江戸幕府も重視し、伝馬制度による公的な宿駅となった。物資を運ぶ継ぎ立ての人馬が常備されて、旅籠・脇本陣・木賃宿や馬借、芝居小屋などが立ち並び、1827 年の記録によれば、人口 845 人、戸数 192 戸とある。中山寺参詣の宿場でもあった小浜は武庫川の船つき場でもあった。古くは川の船つき場も「浜」と呼び、これが小浜の語源である。

小浜では1723年頃、大工集団「小浜組」が結成された。小浜の大工は腕がよく、京都御所蛤御門の再建や大坂難波別院御堂（南御堂）の建築等で活躍した棟梁らがいた。

小浜で酒造業を営んだ山中家は、戦国時代の武将、山中鹿之助幸盛の末裔と伝わる。鹿之助の長男の幸元は、伊丹の鴻池に住む大叔父、山中信直のもとで育てられ、長じて名を新右衛門新六と改め、酒造業を始めた。清酒の醸造法を発見して江戸へ酒を送り、家業はおおいに発展したという。大坂の両替商・鴻池の祖となった、この新六の長男が小浜に分家して酒造業を営み、井原西鶴がその酒を誉めているが、4代目以後は医業を継いだ。小浜に残る旧山中家の敷地内にある「玉の井」は、豊臣秀吉が有馬湯治行の途上、千利休に命じ、その井戸水で茶を点てさせたと言い伝えられている。

「制札」は、禁止事項や定めなどのお触れ書きを木札に記し、立てたもので、人の往来の多いところが札場となり、小浜の高札場は十字路に置かれて「札場の辻」と呼ばれた。ここに掲げられた「忠孝札」「火付札」「キリシタン札」などの制札7枚は宝塚市有形文化財に指定されて、2008年には小浜会館の前庭に高札場が復元されている。

4　近現代文学に見る宝塚

宝塚で温泉にかかわる最古の記録は、鎌倉時代の藤原光経の歌集にあり、1223年に摂津国の「小林の湯」に滞在した藤原光経が、去り際に「旅人の行き来の契り結ぶとも　忘るな我を　我もわすれじ」という歌を土地の遊女に贈ったという中に「をはやし（小林）といふ所にゆあ（湯浴）むとてまかり」と書かれている。当時の小林荘は今日の宝塚温泉（武庫川右岸）一帯を含む広い地域にまたがっていた。

宝塚温泉の起源説は、聖徳太子の創建と伝わる塩尾寺にもある。室町幕府十二代将軍足利義晴の頃、この地に住む老女が病にかかったが、

24　第1部　宝塚の歴史・文化・自然

中山寺の観音菩薩のお告げで、武庫川沿いの嶋ケ淵の柳の根元にわく霊水「酸い水と鹹い水」を浴びると病が治ったので、老女は感謝の気持ちを込めて泉源の側の柳で観音像を掘り、それを納めたのが塩尾寺だという。ナトリウム（塩分）と鉄分が濃い宝塚温泉の温泉水を昔の人は塩湯と考え、それが流れる谷川を塩谷川、その側の尾根を塩尾と名づけ、そこにある寺を塩尾の寺と書いて音読みしたのである。

　1887年、川面村の牧畜業者が大阪へ牛乳を搬送する途中、伊子志に炭酸泉を発見し、翌年には温泉地として開業。宝塚温泉と命名されて、のちの宝塚市名となった。

　岩野泡鳴の『ぼんち』（1913）は、鉄道が通り、温泉場・花街として開けていく明治末の宝塚が舞台となっている。

　1917年、夫の与謝野鉄幹と阪神間を訪れて少女歌劇を鑑賞した与謝野晶子は、武庫川の夕を題材に3首の歌を詠んだ。うちの1首を刻んだ歌碑「武庫川の板の橋をばぬらすなり　河鹿の声も月の光も」が宝来橋の南に建つ。

　昭和を代表する俳人となった山口誓子は、関西屈指のダンスホールだった宝塚会館を題材にして、「除夜たのしワルツに青きひかりさす」「歓楽のジャズに年去り年来たる」の2句を1932年の句集『凍港』に発表している。

　吉川英治の『あるぷす大将』（1934）には、モダンな異国として、宝塚歌劇や新温泉、宝塚ホテルなどの風景が登場する。

　織田作之助の『郷愁』（1946）は、終戦直後、声楽家の笹田和子と結婚して米谷に住んだ、作之助と覚しき小説家が、原稿を出版社に送るため梅田の郵便局に行こうとして阪急「清荒神」駅のプラットホームに到着した場面から始まる。

　ラジオドラマ『君の名は』で一世を風靡し、宝塚歌劇や宝塚新芸座の脚本も手がけた劇作家の菊田一夫は、『がしんたれ』（1959）で宝塚の歌劇や温泉街の賑わいを描いた。

第1章　宝塚、歴史（ヒストリー）が紡ぐ物語（ストーリー）　25

　井上靖の『孤猿』(1956) には宝塚に広壮な別邸をもつ橋本関雪
(1883-1945) らしき日本画の大家が登場する。主人公の新聞記者が訪
ねる邸宅は、売布の「冬花庵（通称）」であろう。明石藩の儒学者だっ
た父から漢学を学び、中国古典の教養に根ざした作品で評価を得た関
雪は、『玄猿』『霜猿』など猿の絵を得意とした。晩年に構えた冬花庵
には栗御殿が残る。売布には、明治期に首相をつとめた松方正義
(1835-1924) の別荘「松風閣」もあった。

　水上勉の『桜守』(1969) には、桜の品種改良と保存に生涯を捧げ
た「桜博士」笹部新太郎をモデルとする人物が登場する。笹部は、
1912 年、JR 武田尾駅近くの山林を演習林とし（「桜の園」と呼ばれる）、
品種保存や接ぎ木の研究に没頭した。その演習林や、笹部が泊まりこ
んで桜を研究した「亦楽山荘」、近隣の集落、武田尾温泉の様子などが、
この小説には描かれた。雲雀丘に住んだ初代電源開発総裁・高碕達之
助は、笹部に依頼して、ダムに沈む岐阜県の老名木を移植させている。

　阪急沿線の夙川や仁川で少年時代を過ごしカトリック夙川教会で洗
礼を受けた遠藤周作 (1923-1996) は、宝塚新温泉にあった文芸図書
館（現・池田文庫）に通い、西洋の名作に親しんだ。「当時、小説家
になる意思など毛頭なかったが、その小さな第1歩は仁川とこの宝塚
ではじまったと言ってよい」（『心のふるさと』文藝春秋 1997）「夕暮
れになると法華寺の鐘が鳴る。それを合図のように、むこうの丘・聖
心女子学院の白い建物から夕べの祈りの鐘がこれに応ずるのである。
少年ながらも、ぼくはこの2つの異なった宗教、東洋の鐘と西洋の鐘
の響きの違いを、なにか不思議なもののように思いながら聞いたもの
だった……ぼくの『黄色い人』という作品はこの仁川の思い出の上に
成り立ったものである。」（「仁川の村のこと」）と思い出を記している。
小説『砂の城』(1976) には、遠藤が愛した文芸図書館とともに、「う
つくしいもの」の象徴として逆瀬川の渓流が登場する。遠藤が 25 歳
のときに初めて書いた戯曲『サウロ』は、遠藤の母（遠藤郁子）が音

楽教師をつとめた小林聖心女子学院で初演され、高浜虚子の孫で俳人の稲畑汀子らが出演した。

　6歳から小林聖心女子学院に通った須賀敦子（1929-1998）の『ユルスナールの靴』（1996）には、阪急「小林」駅から学校までの桜並木の坂道や、厳格なミッションスクールの情景が描かれている。須賀がユルスナールに傾倒していく過程と、小林聖心女子学院で過ごした日々のエピソードが重なる。聖心女子大学の卒業生である美智子皇后は須賀敦子の愛読者だ。

　宝塚警察署が登場する松本清張の『内海の輪』は、『週刊朝日』1968年2月16日号から「霧笛の町」という原題で連載され、松竹が映画化、幾度かTVドラマにもなった。重要な舞台となった、宝塚から有馬へ向かう途中の蓬莱峡（西宮市）は、映画のロケによく使われる岩の名所であり、黒沢明監督の『隠し岩の三悪人』もここで撮られた。

　栗山良八郎の『宝塚海軍航空隊』（1981）は、太平洋戦争末期、海軍航空隊に接収された宝塚大劇場が舞台だ。入念な取材により、華やかな歌劇場のもう1つの歴史を記し、第85回直木賞候補となった。その海軍航空隊には、のちに映画監督となり宝塚歌劇団出身の女優・乙羽信子と結ばれた新藤兼人がいた。その時代をつづった新藤の脚本『陸に上がった軍艦』は映画化され、ロケ地となった「花の道」には、宝塚海軍航空隊同窓会より献花された桜がある。

　斎藤栄の『宝塚市殺人事件』（1995）は、二階堂警視夫妻が子宝を授かろうと中山寺を参詣してから、宝塚大劇場で雪組の『雪之丞変化』を観劇しようと「花の道」を行くところから始まる（夫妻に1等席の切符を贈った伊丹在住のヅカファンという女性は作家の田辺聖子を思わせる）。宝塚温泉の外れにある会員制のホテルと、阪急宝塚線の「売布神社」と「中山」のあいだにある某政治家の事務所で、2人の美女が殺され、意外な真犯人が捕まって難事件が解決し、小説の幕切れと

なるのが、1995年1月17日の朝5時。神戸の自宅で早い朝食を摂ろうとテーブルの前に座った二階堂警視が、「なんだか、いつもより静かな気がする」と呟いて窓のカーテンをあけると、阪神高速の黄色い灯が点々と見える。「いま、なん時？」「5時44分だ」と二階堂の答えるのが、阪神大震災の起こる直前のことで、これには作者自身の被災体験が重なる。当時、斎藤の長女は、宝塚歌劇団の編集記者として働いていた。

有栖川有栖（1959-）のミステリー短篇集『暗い宿』（2001）の「異形の客」には、武田尾温泉が「猛田温泉」の名で登場する。

阪急電鉄の生みの親で、阪急東宝（東宝は東京宝塚の略）グループの祖となった小林一三の起業家としての人物像は、多くの文学作品の対象となり、芥川賞作家・阪田寛夫（1925-2005）の評伝小説『わが小林一三──清く正しく美しく』（1983）は、高い評価を得て、毎日出版文化賞を受賞した。阪田の娘は、宝塚歌劇団でダンスの名手だった大浦みずき（1956-2009）である。2015年に亡くなった小説家の野坂昭如（1930-2015）には『私のタカラヅカ』というエッセイがあり、野坂の娘も宝塚歌劇団に在籍した。

田辺聖子（1928-）は、『夢の菓子を食べて──わが愛の宝塚』（1983）で歌劇への愛をつづる中、花のみちの春の情景を「三百本あまりの桜が空を掩うほど咲き、足もとには、山吹、つつじ、れんぎょうがむらがり続くのだが、この薄桃色の花の雲に包まれるときが、もっとも宝塚歌劇にふさわしい」と称え、自作の『隼別王子の叛乱』（1978）などが宝塚歌劇で劇化されている。

宝塚在住の人気作家、有川浩（女性）の『阪急電車』（1996）は、阪急今津線の片道20分足らずの車中で起こる物語をオムニバスで紡ぎ、映画化された。清荒神駅前の宝塚市立中央図書館、武庫川中州の「生」のオブジェ、宝塚南口駅前の宝塚ホテル、小林駅のツバメの巣といった日常風景の描写に、沿線への想いがうかがえる。

宝塚に半世紀近く住んだ詩人・映画評論家の杉山平一（1914-2012）は、1941年に中原中也賞（現在の同名の賞とは異なる）、亡くなる2012年には歴代最高齢の97歳で詩集『希望』が第30回現代詩人賞を受賞した。「日常の、今生きている世界から何かを拾ってくる」と詩作について語るように、平明な言葉のなかに柔らかなユーモアや人生のほろ苦さの込められた現代詩を作り続け、宝塚映画祭の顧問もつとめた。

1977年から宝塚に住んだ中島らも（1952-2004）は、コピーライターを経て、小説・エッセイ・脚本などを手がけ、吉川英治文学新人賞・日本推理作家協会賞を受賞。劇団「笑殺軍団リリパットアーミー」を主宰し、みずから舞台にも立った。

宝塚市内に実在する町名をペンネームとした仁川高丸（女性）は、一般人が何となく頭のなかに埋め込んでいる性の常識をはがしていくという過激でもあるストーリーを、関西弁のトボけた柔らかさで、ふんわかと描いている。

5　劇場都市・宝塚

宝塚少女歌劇の専用劇場として1924年に竣工した宝塚大劇場は、4000人を収容する、東洋最大のマンモス劇場であった。ここで1927年、歌劇団1年分の製作費用をかけて上演された日本初のレビュー「モン・パリ」は大成功を収め、シャンソンを日本に初めて紹介したことから、宝塚の街を日本シャンソンの中心地にしようとの動きが起こっている。

2016年に生誕百年を迎えた、西宮出身の作詞・訳詞家、岩谷時子（1916-2013）は、宝塚歌劇団出版部を経て、宝塚スター出身のシャンソン歌手・越路吹雪（1924-1980）のマネージャーを務める傍ら、『愛の賛歌』『夢見るシャンソン人形』『恋のフーガ』『君といつまでも』『ほ

んきかしら』などヒット曲の訳詞・作詞、『レ・ミゼラブル』『ミス・サイゴン』などミュージカルの訳詞、手塚治虫のアニメ主題歌『ふしぎなメルモ』の作詞などを手がけ、文化功労者として顕彰された。

1923年の関東大震災により劇場を失った、東京の主力俳優の多くが阪神地域へ一時移住して、松竹傘下の道頓堀各座に出勤するなか、まだ松竹に所属していなかった名優、六代目尾上菊五郎を小林一三が誘い、宝塚中劇場に進出させた。その舞台に感動し舞踊家を志したのが天津乙女（1905-1980）である。宝塚歌劇の初期から活躍して宝塚歌劇団の至宝といわれた天津は、欧米公演にも参加、宝塚歌劇団理事として後進の育成指導に当たった。

宝塚は歌舞伎界と縁の深い地で、初代市川猿翁も来演しており、松本幸四郎家は清荒神を篤く信仰している。坪内逍遥に師事した後、初代中村鴈治郎の座付作者として活躍した、食満南北（1880-1957）は終戦直後から宝塚に住んだ。初代鴈治郎の長男で、西宮の夙川に住んだ林又一郎（1893-1966）は、昭和30年代から40年代初頭、宝塚歌劇団の「宝塚義太夫歌舞伎」を指導している。

昭和初期には、のちに大女優となる山田五十鈴（1917-2012）が、宝塚の温泉街で娘時代を過ごしたこともあった。

宝塚歌劇団の男役トップスターとして「永遠の二枚目」「白バラのプリンス」と評された春日野八千代（1915-2012）は、晩年まで舞台に立ち続け、宝塚市名誉市民第1号となった。

1926年に設立されて「関東に新響、関西に宝響あり」といわれた宝塚交響楽協会（宝塚交響楽団）は、宝塚歌劇の伴奏にとどまらず日本初の定期演奏会を開催し、山田耕筰が客演指揮者を務めたこともあった。

この本邦初のオーケストラを率いたヨセフ・ラスカ（1886-1964）は、20世紀初頭にプラハの国立劇場などで活躍した、ウィーン出身の指揮者である。第1次世界大戦に応召して、ロシア軍の捕虜となり、シ

30 第1部 宝塚の歴史・文化・自然

ベリアの収容所を転々とする間、ロシア革命が勃発して共産主義国家ソ連が成立するという激動期を経て、1923年、東京の楽団の招きで来日する直前、関東大震災が発生、宝塚音楽歌劇学校の教授に招かれた。宝塚では精力的に演奏会を開催し、ブルックナー作品などを日本で初演したが、共産主義者の疑いをかけられ、35年に帰国。自由主義者のラスカは、反ナチ的として強制収容所に連行されたが、生還をはたし、晩年をウィーンで暮らしている。戦後の日本では半ば忘れられた存在となっていたが、音楽学者の根岸一美・大阪大学名誉教授が、ラスカが教授を務めた神戸女学院やオーストリアの図書館で自筆譜などを発掘、演奏記録のない『父の愛──あるピエロの物語』の管弦楽譜を複写して持ち帰った。父の婚約者を愛してしまった息子が父の理解を得て幸せになるという、一幕物のバレエ・パントマイム台本に曲をつけたもので、宝塚少女歌劇の印が入った楽譜には「プラハ1914─宝塚1924」と自署があり、ラスカの日本での第1作となる。

　ラスカはウィーン風の娯楽音楽の愉しさを宝塚の聴衆に伝えたかったようだ。オペラはもとよりオペレッタやミュージカルなど、娯楽性ゆたかな歌劇を上演する「フォルクスオーパー」（"大衆オペラ座"といった意味）は、ウィーン市第9区にあり、その第9区と宝塚市が姉妹協定を結んでいるのを、ラスカは草葉の陰で喜んでいることであろう。創設から百周年を記念して選ばれた「宝塚歌劇の殿堂」入りした百人にラスカは含まれていないが、タカラヅカ文化を創った功労者の1人である。

　1982年に宝塚歌劇団雪組が初演した『うたかたの恋』は、再演を重ね、歌劇団の定番の1つとなった。オーストリア＝ハンガリー帝国の皇太子が男爵令嬢との情事をめぐり父の皇帝と口論した翌朝、皇室の狩猟用ロッジのあるマイヤーリンク（現・ニーダーエスターライヒ州の町）で男女2人の遺体が発見される──。フランスの作家クロード・アネの小説『うたかたの恋』（1930）を原作とし、1957年に全米

で1度だけTV放送された『マイヤーリング』は長く「幻の作品」とされていたが、ブラウン管の映像を復元したモノクロ版（放送時はカラー）が売布のシネ・ピピアで公開された。

近年の〈ウィーン物〉としては、オーストリア＝ハンガリー帝国の皇后エリザベートの生涯を描いた、ウィーン発のミュージカル『エリザベート』が、『ベルサイユのばら』に次ぐ、宝塚歌劇の人気演目となっている。

6 映画の都

かつて宝塚は映画の都でもあった。小津安二郎監督の『小早川家の秋』、成瀬巳喜男監督の『放浪記』、川島雄三監督の『暖簾』といった、日本映画史に残る名作や、加山雄三主演の『海の若大将』などが宝塚の撮影所で撮られ、東宝（東京宝塚）系の映画館で封切上映されていった。

阪神間における映画制作は、1923年に芦屋で始まり、甲陽園で続けられたが、宝塚における映画制作は、宝塚少女歌劇の舞台に劇中映画を挿入しようと発案した小林一三が、宝塚歌劇のレビューに挿入する「キノ・ドラマ」を制作したことに始まる。キノ・ドラマ第1作目は1937年の制作で、38年の『軍國女学生』を期に、翌年武庫川町に映画専用の大規模なスタジオが建てられた。その翌年には歌劇団に映画課を設置して本格的な映画制作を始めたが、戦争をはさみ、中断される（1980-1981年に放映された、NHK連続テレビ小説『虹を織る』は、レビュー華やかなりし宝塚が戦争へ傾斜していく時代を扱った）。戦後の1951年、阪急電鉄が宝塚映画製作所を設立して、撮影所は再開された。2年後に起こった火災で撮影所は西宮北口に一時移ったが、1956年には新しい撮影所が完成。再建にあたっては小林一三がハリウッドと同じ施設をつくるよう指示したというだけあり、17mの天

井高、1600 m²の広大なステージを備えた、当時としては破格の、日本最高級のスタジオ設備を誇った。

　折しも日本映画の黄金期に当たり、宝塚映画製作所は500人以上のスタッフを擁して、年間20本ほどの映画を制作。小津安二郎はじめ映画史に残る巨匠たちがメガホンを取った。名カメラマンの岡崎宏三が専属だったこともあり、作家の藤本義一は若い頃ここで脚本を執筆していた（藤本が師事した川島雄三監督は、戦争中、大阪で織田作之助の作品を撮った）。ここで撮られた作品は、サザエさんシリーズに鞍馬天狗シリーズ……コメディ・時代劇・文芸作品と多ジャンルにわたり、美空ひばり・高峰秀子・原節子・山田五十鈴といった大スターも出演し、2代目中村鴈治郎・8代目坂東三津五郎・大谷友右衛門（のち4代目中村雀右衛門）・市川染五郎（現・松本幸四郎）・中村吉右衛門ら、多くの歌舞伎俳優も出演、中村扇雀（現・坂田藤十郎）は専属となった時代もあった。

　宝塚映画は、1978年の『お吟さま』（熊井啓監督）まで劇場映画

図1-3　宝塚映画製作所全景
（出所：『わが青春の宝塚映画』高野昭二・宝塚映画製作所OB会有志発行、2010）

176 本、テレビドラマ約 3300 本を制作。地元の多くの場所がロケに使われ、風情ある宝塚温泉の旅館街に宿泊した俳優たちも多かったが、1995 年の阪神・淡路大震災を機に映画制作から撤退したのが惜しまれる。検番のあった旅館街も 80 年代からの再開発により、あらかた姿を消した。

2000 年、市民グループが「宝塚に映画文化の灯りを再び」と呼びかけ、シネ・ピピアを主会場とする宝塚映画祭が、かつて宝塚映画製作所で仕事をしたことのある大森一樹監督らの協力も得て催されるようになり、今にいたっている。

7　モダニズム建築

宝塚でモダニズム建築を手がけた建築家の 1 人に、西宮出身の古塚正治（1892-1976）がいる。早稲田大学建築科を修了後、2 年余り欧米に滞在。その成果を発揮した宝塚ホテル（1926 年竣工）は、急勾配の切妻屋根をもつ山荘風のデザインで郊外リゾートのイメージを決定づけ、宝塚南口のランドマークとして親しまれてきた。漫画家の手塚治虫が結婚式をあげ、宝塚ゴルフ倶楽部なども生み、阪神間のモダンライフを提供してきた、名ホテルの解体を惜しむ声は多い。古塚は、宝塚旧温泉ホテル（1928 年、現存せず）、六甲山ホテル（1929 年）、東洋一の規模を誇った中洲のダンスホール・宝塚会館（1930、現存せず）、雲雀丘の正司家住宅洋館（旧・徳田邸）なども設計している。NHK ドラマ『ふたりっ子』のロケーションに使われた正司家住宅洋館は、1932 年頃の建築で、ドーム屋根や軒下タイルの市松模様など、古塚の創意による装飾が目を引く。同時期に建てられた正司家住宅和館とともに国指定登録有形文化財となった。

2016 年が開発から 100 周年に当たる雲雀丘の開発者、阿部元太郎は、駅を核とした町づくりをめざした。駅前には自動車が通行可能なロー

タリーを設け、全国初の高級住宅地の玄関口にふさわしい、シュロ並木のある大通りを放射線状に建設。東京・田園調布開発のモデルとなった。上・下水道、ガスを地中に埋め、犬走り（垣と溝のあいだや土手の斜面に設けられた細長い通路や平地部分のことで、犬が通れるくらいの幅しかない道という意味合いから呼ばれる）、側溝を備えた住宅街が 1916 年から分譲されていき、中世以来の山本の伝統的な植木・造園技術と大正モダンを代表する洋式住宅とが結合して、格調高い景観が形成された。雲雀丘・花屋敷地区には、先述の正司家はじめ大正・昭和初期の瀟洒な住宅群が今も見られる。W. M. ヴォーリズが設計した旧・諏訪家住宅は、1923 年、医師・諏訪螢一の自宅として建てられ、のちに実業家の高碕達之助が住み、現在は東洋食品研究所の迎賓館「高碕記念館」となっている。

　市内にある大正昭和期の和風住宅としては、宝塚南口の山田家住宅主屋が、洋風住宅としては、桜ガ丘の旧松本安弘邸（市立中央図書館桜ガ丘資料室）が、国の登録文化財となった。

　1927 年に竣工した小林聖心女子学院本館は、20 世紀を代表する建築家、F・L・ライトのもとで働いた A・レーモンドが設計した、ミッションスクールらしい簡素な美を追求した名建築で、国の登録有形文化財となっている。レーモンド設計の住宅としては、逆瀬川にプライス邸（ウィルキンソンの娘の住宅）があったが、1980 年代に解体された。

　イギリス出身の実業家、ジョン・クリフォード・ウィルキンソンは、1890 年頃、紅葉谷に工場を開設して炭酸水を瓶詰し、当初は仁王印ウオーター、のちにウィルキンソン・タンサンとして国内外に販売。工場近くには外国人向けの宿泊施設「タンサン・ホテル」を開業させた。ロンドンの出版社マレー社が 1893 年に発行した『マレーズ・ハンドブック』に、阪神間唯一のホテルとして掲載された「宝塚炭酸ホテル」は、阪神間最古のホテルだったが、1904 年、生瀬にウィルキ

第1章　宝塚、歴史（ヒストリー）が紡ぐ物語（ストーリー）　35

ンソン炭酸工場を新設した折に移築された。

　宝塚文化創造館（宝塚音楽学校旧校舎）は、1935年に宝塚公会堂として建てられ、宝塚音楽学校の校舎として長く使われた。日本の近代化に貢献した歴史文化的価値を有する建造物として、2009年、経済産業省の「近代化産業遺産」に認定され、モダニズム建築の文化的価値をいかし再生活用されている。宝塚には、もう1件、近代化産業遺産がある。千苅水源地から水道水を送る導水路のうち、武庫川を渡る水道橋の「武庫川第一から第三橋梁（神戸水道橋）」である。

　戦後の現代建築としては、ポストモダニズムの担い手として「昭和を代表する建築家」となり、文化勲章を受章した、村野藤吾（1891-1984）の業績があげられる。機能第一主義に抗し、壁面が人間に与える影響を重視、暖かみのある建築にこだわった。1959年に竣工した宝塚ゴルフ倶楽部のクラブハウスは、1階ロビーに大幅な改装が見られるものの、竣工時の家具やタイル壁画などがよく保存されて、建築当初の面影を今に伝えている。大胆な造形による塔と屋根の曲線が阪急今津線の車窓に目をひく、宝塚カトリック教会のことを、1965年の竣工時、「太平洋を漂い続けていた白鯨がようやく安住の地を見つけ岸辺に打ち寄せられたとでも申しましょうか」と村野は記した。1980年に完成した晩年の代表作、宝塚市庁舎は、四角い建物に円形の議場を組み合わせた設計で、新進気鋭の建築家に与えられる「村野藤吾賞」の授賞式は、宝塚市庁舎と東京・目黒区総合庁舎（村野の設計）で交互に（隔年に）行われている。村野は1942年に大阪府下から古民家を清荒神に移築して、少しずつ手を入れ、自宅としたが、阪神・淡路大震災で被害を受け、惜しくも解体された。

　清荒神に住居を構えた芸術家としては、1961年から住んだ、仏画家の石川晴彦（1901-1980）がいる。入江波光・村上華岳に日本画を師事し30代半ばから仏画を描くようになり、静謐で透明感あふれる表現は高い評価を受けている。

36　第1部　宝塚の歴史・文化・自然

　宝塚温泉を市民や観光客などに広く楽しんでもらう施設として、2002年に開館した日帰り入浴施設は、設計者・安藤忠雄（1941-）特有のコンクリート打ちっ放しのデザインで、現在は「ナチュールスパ宝塚」として利用されている。

8　舞台芸術、芸能のパイオニア

　日本演劇の近代化は、シェイクスピアの翻訳や『桐一葉』などの劇作で名高い、坪内逍遙（1859-1935）に始まるが、現在の新劇のルーツとなった「築地小劇場」（1924-1945、1940年「国民新劇場」と改称）は、関東大震災により焦土となった東京で、建物の建築規制が緩和されたことにより建てられた。劇場内に設けられた俳優養成所は、震災で阪神間へ避難していた小山内薫（1881-1928）を指導者に迎えた。築地小劇場を最後まで支えた俳優たちは、劇団民藝・文学座・俳優座といった戦後の有名劇団の流れをつくったが、そんな東京の動きに呼応して、小林一三がみずからの理想とする「国民劇の創造」をめざし発足させた「宝塚国民座」は、〈西の築地小劇場〉と称された。

　国民座の出版部長・文芸係・監督係となった、坪内士行（1887-1986）は、坪内逍遥の甥で、幼い頃に逍遥の養子となり、早稲田大学英文科を卒業してハーバード大学に留学。さらに渡英して演劇を学び、帰国後は帝国劇場で『ハムレット』を演じるなど舞台人として活躍。その学識と西欧演劇への造詣の深さを見込んだ小林一三が、1918年、宝塚少女歌劇の顧問に迎えたのである。

　1926年4月20日、小林は、男女の俳優から成る劇団を、宝塚中劇場に発足させた。当時の日本の演劇界では、スターシステムによる編成が多く、宝塚国民座のように自前の劇場をもつ劇団は稀であった。同時期には、宝塚クライネス・テアテル（宝塚小劇場）という新劇運動も始まった。これは、国民座の有志が集まって研究団体をつくり、

第1章　宝塚、歴史（ヒストリー）が紡ぐ物語（ストーリー）　37

定期的に研究発表をおこなうというもので、職業俳優から成る小劇場運動として本邦初の試みであった。国民座を任された士行は、理想の劇団をつくるべく、みずから作品を書き、演出し、舞台にも立った。団員は公募で集められ（のちに新国劇の名優となる辰巳柳太郎もその1人）、発足後まもなく、宝塚中劇場で第1回公演を実施。年に2-10回の公演をおこない、シェイクスピア等の翻訳劇などを上演した。観客の入りはふるわず、水谷八重子や帝劇女優との合同公演で余命をつないだが、1930年11月の公演を最後に解散した。士行と宝塚女優が結婚して生まれたのが、女優の坪内ミキ子（1940-）である。

　1950年、プールと劇場という2つの機能を考慮して建てられたパラダイスの、2階にあった宝塚小劇場を宝塚第二劇場と改称して、宝塚新芸座道場が設立された。ここで、芝居や漫才に歌劇の生徒たちの歌や踊りをはさんだバラエティーショーを興行したところ、満員の盛況となり、手狭になったため、宝塚映画劇場（旧・宝塚中劇場）に本拠を移して、宝塚新芸劇場（1200人収容）と改称。劇団名も「宝塚新芸座」とし、1953年に再出発した。ここで人気の高かった秋田実の『漫才学校』は、朝日放送ラジオでも放送されて、森光子（1920-2012）を人気者にした。これに続くヒットが、初音礼子の「お初ちゃん」シリーズである。歌劇団の組長で、三枚目の演技派として活躍した、初音礼子（麗子、1908-1987）は、退団後に座長として宝塚新芸座を率いて、歌劇団の卒業生や男子研究生など、宝塚で育った俳優陣が舞台を盛り上げた。昭和30年代に入ると関西歌舞伎の嵐三右衛門や嵐冠十郎が加入、三右衛門が座長を務めたこともある。劇場は現在のバウホールの場所にあり、1972年まで存続。劇団は1985年まで存続した。

　2004年に出版された『男たちの宝塚——夢を追った研究生の半世紀』(辻則彦)は、宝塚歌劇団の男子研究生にスポットを当てたノンフィクションだ。忘れられていた元研究生の消息を丹念に追った取材から、半世紀余り埋もれていた歴史の一節が浮かび上がった。小林一三の発

案により、1945 年から 1954 年まで設けられた宝塚歌劇団男子部は、一般公募を 4 度おこない、25 人が選ばれた。彼らは、オペラ歌手やダンサー、俳優をめざし、宝塚大劇場の舞台に立つことを夢見てレッスンに励んだが、女性だけの歌劇にこだわるファンは多く、宝塚大劇場での男女共演のチャンスは訪れることなく解散した。大劇場では、舞台袖やオーケストラボックスでの陰コーラスなど、主な仕事は裏方であったが、中劇場では『さらば青春』（1947）などで舞台に立ち、一部の男子研究生は、退団後、宝塚新芸座や北野劇場のダンシングチームに移って活動したほか、俳優やバレエ団主宰者、オーケストラの楽団員、ダンサーなどの人材を輩出。2004 年の宝塚映画祭で、男子研究生の公開同窓会が宝塚ソリオホールにおいて催された折、テレビなど多くのマスコミに取り上げられて話題となり、2007 年、『男たちの宝塚』を原作として舞台劇『宝塚 BOYS』が制作された。西宮の兵庫県立芸術文化センターをはじめ、全国主要都市で公演されて好評を博し、再演を重ねて、公演の DVD 発売やコミック作品も出版された。

　清荒神に住んだ落語家の二代目桂春団治（1894-1953）は、清澄寺の参道で「春団治茶屋」を営み、中山寺の門前では戦前「春団治あめ」を売っていた。初代春団治が寄席回りをしたという赤い人力車は、清荒神の家から宝塚映画製作所に運び込まれ、森繁久弥主演『世にも面白い男の一生　桂春団治』（1956、宝塚映画）の撮影に使われた。2 代目の長男で、2016 年になくなった三代目春団治は、長尾小学校と（5 年生から）宝塚小学校に通っている。

　戦後、上方落語は、リーダー格が相次ぎ他界。第一線を退いた長老と、入門から数年の若手数人のみとなったのを憂えた小林一三は、宝塚第二劇場を会場に提供し、1952 年から毎週日曜、宝塚若手落語会を開催した。桂米朝・桂あやめ（のちの先代文枝）・桂福団治（のちの春団治）・笑福亭松之助・桂春坊（のちの露乃五郎兵衛）らが出演している。昭和 50 年代、そのときの若手が門人たちを引き連れて宝

塚へ帰ってくる。宝塚市民会館（閉館）では、桂春蝶らの「桂春団治一門会」「桂枝雀・朝丸（現・ざこば）兄弟会」「桂米朝一門会」などが開かれるようになった。60年代に入ると、公民館のホールで定席の落語会も始まり、「福笑の会」（東公民館）「おばやし亭」（西公民館）「ちゃりてぃ寄席」（ベガホール）「ソリオ寄席」（ソリオホール）「めふ乃寄席」（ピピアめふ）「さらら寄席」（さらら仁川）等が定着していく。現在、月亭八方や、笑福亭一門の呂鶴・瓶太・歌々志らが宝塚に在住で、桂枝雀の墓は中山寺にある。

　1985年、阪神間在住の劇作家、山崎正和氏の提唱により県立宝塚北校に公立高校として全国初の演劇科が発足した。ここの卒業生で講師を務める大蔵流狂言方の善竹隆司と、隆平との兄弟が中心となり、手塚治虫の名作『ブラック・ジャック』を改作した、新作狂言『勘当息子』が、2008年に、宝塚ソリオホールで初演された。翌年には、植木の町としての特性をいかした『老人と木』が同ホールで初演された。その後、西宮・大阪・東京等で再演を重ね、漫画と古典芸能のコラボレーションの成功例となった。

　歴史をふりかえると、醸造業（酒・醤油……）・園芸業（接ぎ木）・海産加工物など、異なる素材を掛け合わせたり接ぎ足したりする「異種交配」や「発酵」により、新しい付加価値を産み出してきたのが、阪神間の土地柄だったことに思い当たる。18世紀の大坂の歌舞伎劇場で発明された「回り舞台」や「セリ」などの舞台機構を継承し、そこへ西洋の音楽や舞踊を接ぎ木したのが、宝塚歌劇であったという見方もできるだろう。阪神間を代表する俳人となった、山口誓子の俳句論の謂にならうなら、事物と事物の結合がフュージョンをうみ、世界を席巻する大衆芸術となったのが、手塚治虫の漫画であった。

9　ストーリー漫画の故郷

　ストーリー漫画の創始者、手塚治虫は、1928 年に大阪府豊中で生まれ、5 歳のとき、同じ阪急沿線の兵庫県川辺郡小浜村（現・宝塚市御殿山）にあった、父方の別邸に移り住んだ。昔の家屋はもうないが、立派な構えの屋敷と大きな樹木が今も残る。幼い頃から青年期にいたる、約 20 年間の人格形成期を過ごした宝塚の街は、のちに世界的な漫画家として大成する、手塚治虫の感性に決定的な影響を与えた。

　当時の宝塚はレビューの黄金時代を迎えていた。その旗手となった演出家の白井鐵造（1900-1983）は、日本初のレビュー『モン・パリ』をつくった岸田辰彌（1892-1944）に弟子入りして宝塚歌劇団に入団。欧米留学後の帰国公演『パリゼット』では脚本・演出・振り付けを担当し、『すみれの花咲く頃』の作詞や、羽飾りのついた衣装の採用などで、宝塚調レビューの基礎を築き、「レビューの王様」「レビュー王」と称された。

　そんな舞台に登場する、華やかで幻想的な衣装、日本人離れした中性的な顔立ちの登場人物、スピーディな場面展開、甘くせつない官能の香り……。幼い目に焼きついたタカラヅカの舞台は、バタ臭い手塚漫画の原点となった。多感な少年時代、ヅカファンだった母親に連れられて見た歌劇の思い出を「この世の最高の芸術だと驚嘆した。憧れと夢に中毒した錯乱状態に陥ってしまった」と手塚治虫は自伝で綴っている（2015 年に亡くなった漫画家の水木しげるも、西宮に住んだ少年時代、宝塚歌劇に親しんだ）。とりわけその影響が如実に現れたのは両性具有的イメージであったと、毎日新聞記者の城島徹氏は指摘している。『メトロポリス』では主人公の人造人間を男にも女にも変身できるように描き、『鉄腕アトム』も最初は女の子という設定だったと、みずから語る手塚が「歌劇中毒症状が完癒せぬまま少女漫画家

第1章　宝塚、歴史（ヒストリー）が紡ぐ物語（ストーリー）　41

として」描いたと告白する、『リボンの騎士』の主人公、サファイア姫が男の子として育てられたという設定は、のちのヒット漫画『ベルサイユのばら』（池田理代子）に登場する、「男装の麗人」オスカルの原型となった（池田理代子はみずからを手塚世代と証言している）。宝塚歌劇団は1974年に『ベルサイユのばら』を劇化して画期的な成功を収めたが、今にして思えば、女性が男役を演じる舞台にはふさわしい作品であった。

　宝塚という独特な環境が、手塚治虫という天才を育て、その手塚が創始したストーリー漫画に親しんで育った世代から「ベルばら」が生まれ、これが歌劇に採用されて、〈宝塚の忠臣蔵〉と呼ばれるヒット作となった。少女歌劇と少女漫画が絡みあって培った大衆文化の系譜を、日本発のポピュラー文化として世界に普及した、「カワイイ」や「萌え」の生成過程の一環と見なすこともできるのではないか。

　手塚少年は宝塚昆虫館や動物園にも足繁く通った。蝶や昆虫が美しい羽をつけて舞い踊ったり、擬人化された動物たちがユーモラスに踊ったりする漫画の描写は、歌劇の群舞のシーンを連想させる。アニミズムへの鋭敏な感覚は、のちにアニメ芸術を生み出すことにもつながった（「アニメーション」の語源はラテン語の「魂」という意味の「アニマ」すなわち「動かないものに魂を吹きこむ」）。

　一方、『ブッダ』や『火の鳥』のような、東洋思想に基づく作品には、中山寺や清荒神清澄寺など、由緒ある寺社に恵まれた、宝塚の宗教的環境が投影されたとも考えられる。終戦まもなく彗星のごとく登場した手塚治虫が、映画的な手法を駆使して長大なストーリー漫画を編み出し、4コマ漫画が主流だった漫画界に衝撃を与えたことは知られていても、今も大きな楠木が残る旧手塚邸の傍を日本最古の巡礼路「西国三十三所観音霊場巡礼」（通称「西国巡礼街道」）が通り、仏教をはじめとする東洋の思想を身近に感じつつ手塚少年が育ったことは知られていまい。

42　第1部　宝塚の歴史・文化・自然

　そんな新旧和洋の多様な環境から滋養を存分に吸収して育った「漫画の神様」が、歴史的事実を踏まえたドラマを描くにあたって、故郷の街々を舞台に選んだのが『アドルフに告ぐ』であった。物語は、手塚家にほど近い宝塚の山林から始まり、神戸・北野町やトアロード、有馬温泉や六甲山など、阪神地域の風景がふんだんに登場する。谷崎潤一郎の『細雪』や遠藤周作の『黄色い人』にも登場する阪神大水害、野坂昭如の『火垂るの墓』に描かれた阪神大空襲なども再現されたこの大作で、手塚治虫は、自身が育った阪神間地域の、世界のなかにおける位置づけを図ったのであろう。

　阪神間モダニズムの最盛期に育った手塚治虫がこよなく音楽を愛したことは、のちに手がけたアニメ映画にみる、並々ならぬ音楽へのこだわりにも現れた。漫画家の藤子不二雄Ⓐは、宝塚の手塚邸を訪れた際、立派なピアノが置かれているのに目を見張ったと追想している。戦前、ピアノの普及率がもっとも高かったのは宝塚だったといわれる。

　音楽や映画に造詣の深い世界的小説家、村上春樹（1949-）は、子供の頃、西宮の自宅から阪急「小林」までピアノのレッスンに通ったと記している。

　1994年4月に開館した「宝塚市立手塚治虫記念館」では、資料展示だけでなく、ハイビジョン映像やコンピュータなどを使って手塚作品を紹介、アニメ制作も体験できる。

　1924年、宝塚に創設された関西初のプロ野球チーム「宝塚運動協会」は、日本初のプロ野球チームであった。日本運動協会の解散後、小林一三がこれを宝塚に招き、宝塚球場を本拠地として創設し、1929年に解散した（巨人軍の創設は1934年）。1937年に開場した西宮球場（現・阪急西宮ガーデンズ）は、プロ野球に一時代を画した「阪急ブレーブス」の本拠地であり、こうした業績により、小林一三は野球殿堂に特別表彰として選出されている。

　宝塚市に長く住んだ画家・現代美術家の元永定正（1922-2011）は、

第1章　宝塚、歴史（ヒストリー）が紡ぐ物語（ストーリー）　43

吉原治良の率いる具体美術協会に参加。1966年の渡米以降、明快な色彩と単純化された形によるユーモラスな作風を生み出し、「宝塚映画祭」のシンボルマークおよび題字も制作した。2012年、妻で世界的に活躍する造形作家・絵本作家の中辻悦子が、元永作品60点を宝塚市に寄贈して、記念ミュージアムの建設を待っている。元永の命日（10月3日）は、娘の名にちなみ、「くれなひ忌」と名づけられた。

　中山桜台に住むイラストレーター、成瀬國晴（1936-）は、宝塚大学（前身は宝塚造形芸術大学）で長く教えている。

［参考文献］

田辺眞人監修・宝塚市文化振興財団編（2009）『宝塚まちかど学　宝塚学検定公式テキスト』神戸新聞総合出版センター。

田辺眞人監修・宝塚市文化振興財団編（2015）『宝塚まちかど学　宝塚学検定公式テキスト（新版）』神戸新聞総合出版センター。

第2章

小林一三と阪急電鉄・関西学院

髙 橋 保 裕
((公財)大阪観光局部長)

1　小林一三、稀代の構想力

　1873年山梨県現在の韮崎市の絹問屋に生まれ、生後8カ月で母親は病死し、その後、養子に出された。父母の愛情を知らず複雑な家庭環境を経験したことが小林一三の人懐っこく不屈の精神力を生んだ要因になったのかもしれない。また小林は芝居が好きで、文学を愛し、詩文を書き生計を立てることを考えた程の文学青年でもあった。それが将来の夢を実現できる稀代の作家的事業家の構想力のベースとなったと思われる。

　1892年、慶應義塾を卒業し、東京新聞を受けたが不採用で仕方なく三井銀行に入行した。三井銀行で当時大阪支店長だった岩下清周との出会いが小林の人生に大きな影響を与える。

　岩下は後に箕面有馬電気軌道（現・阪急阪神ホールディングス）の設立を成し遂げ初代社長としてその礎を築いた男である。三井物産パリ支店での経験もあり、岩下は今でいうプロジェクト・ファイナンス、つまり「事業を見極めて投資をする金融発想」を持ち合わせていた。但し、岩下は頭脳明晰、深慮卓見なれど運が何度も離れていく人生を歩む。今も変わらないことであるが、保守的な会社組織では、優秀な人間が必ずしも出世をする訳ではなかった。岩下は三井銀行の左遷の辞令を叩き付け辞職し、大阪北浜銀行の設立にかかわり、頭取に就任。

また現在の近畿日本鉄道や大林組の設立にも関わるが、債務の焦げ付きが発生し、北浜銀行は破綻し、囚人となる運命も辿る。

　一方小林は三井銀行を14年間で途中退社し、岩下から北浜銀行の傘下で軍用列車であった阪鶴鉄道（大阪から舞鶴港、現在のJR西日本福知山線）の監査役に任ぜられる。小林は人生のなかで何度も多くのピンチを経験するが、七転び八起き、いつも助けてくれる人物が現れ、また時代の幸運にも恵まれ、まさにチャンスを呼び込む力が備わっていた。

　箕面有馬電気軌道設立に小林は参画したが、梅田から農村地帯を経由して箕面や有馬など観光地を結ぶ路線に対して、周囲は消極的であった。人家もまばらで、採算性の低い路線にもかかわらず34歳の小林は「郊外に住宅地を作り、その居住者を市内へ電車で運ぶ」という将来を俯瞰した私鉄経営の基礎を考案し、自ら実行するにいたる。

2　都市づくり、文化的発想モダニズム

　1907年10月に箕面有馬電気軌道が創立した。しかしその年、日露戦争後の影響で大恐慌に見舞われる。専務になった小林は、全株式の半分も引き受け手がない苦境に追い込まれる。そうしたなかでも1910年、梅田―宝塚温泉間、石橋―箕面公園間の区間に開業する。これに先立ち、線路予定地の土地を買収し、1910年から郊外に宅地開発をすることで、付加価値を高めた。当時持ち家は資産家に限定されていたなかで、大衆向けに10年間の月賦販売もおこなった。電灯付き住宅や、広い区画の一戸建ての住宅分譲事業は当時まったくほかにはない、今でいうインフラの「イノベーション」の実践であり、池田室町を皮切りに住宅事業も次々と成功し、相乗的に鉄道利用者も増やしていった。

　小林は「住んでみたい、永く住みたい、はその地の魅力、環境、と

第 2 章　小林一三と阪急電鉄・関西学院　47

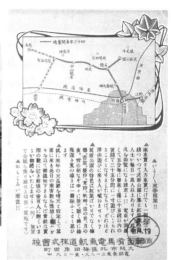

図 2-1　池田付近の線路敷設工事と開業予告の広告（1909 頃）
（出所：公益財団法人阪急文化財団）

都市創造 ➡ 商業都市「大阪」と文化都市「神戸」を結び、その間にヨーロッパ文化を取り入れた次代の都市「阪神間」というハード環境の創造。

モダニズム ➡ ライフスタイルの変革プロセスを考え、梅田に「百貨店」、宝塚に「娯楽施設」、それを結ぶ線上に「教育施設」など、次代の都市「阪神間」というソフトの空間を創造。

図 2-2　阪神間モダニズム

りわけ利便性と文化度による」として、将来のライフスタイルの変化に対応できる「都市創造」に注力し続けた。

また宝塚に動物園・温泉を 1911 年開業、宝塚唱歌隊（後に少女歌劇、さらに歌劇団と改称）を 1913 年に結成した。まさに事業の「シナジー

効果」を狙ったものだ。

　神戸線に路線を開業したのを機に、1918年に箕面有馬電気軌道を阪神急行電鉄と社名を変更（通称「阪急」）、神戸本線に着手した。1920年に神戸線本線・伊丹支線の営業を開始し、梅田ターミナルにオフィスビルや流通、宝塚や六甲山にホテルなどを開業、小林は1927年に社長に就任した。小林が文学青年時代から培ってきた、ヨーロッパ文化的発想の「阪神間モダニズム」文化というソフトと、鉄道・商業・学校・文化施設などといったハードの融合による将来の姿を奇抜な発想で次々に実現していくこととなる。

3　人づくり、将来に夢をもたらす

　関西学院の創立40周年である1929年の記念式典に際し、多大な貢献があったとして、同学院から小林にカナダの著名な画家 J.W.L. フォ

図2-3　関西学院創立40周年記念式典
（出所：関西学院学院史編纂室）

第2章 小林一三と阪急電鉄・関西学院 49

スターにより描かれた小林一三の肖像画が寄贈された。フォスターは
1920年に来日し、天皇・皇后両陛下の肖像画を描いた初めての外国
人画家でもあった。なぜ当時関西学院がわざわざ海外の著名な画家に
彼の肖像の制作を依頼し贈呈したのかは、以下に記述する経緯から推
測できる。

関西学院は1889年W. R. ランバス博士によってキリスト教主義に
基づく青少年教育を目指し、兵庫県菟原郡原田村、現在の阪急電鉄神
戸線王子公園駅付近に設立された。一帯を「原田の森」と呼ばれる地
であった。神学校からスタートした関西学院は、その後中学部、高等
学部文科・商科を擁しこの原田の森で発展を遂げていく。

関西で多くの素晴らしい建築物を残し、軟膏薬「メンソレータム(現・
メンターム)」で有名な近江兄弟社の創業メンバーでもあった米国出
身の建築家W.M. ヴォーリズにより現在の関西学院西宮上ケ原キャ
ンパスをスパニッシュ・ミッションスタイルの白亜の校舎配置で設計
されたことは周知の通りであるが、実は原田の森キャンパスの建物の
多くも彼の設計であった。

宝塚は温泉で知られていたが、小林は活気のない町であった宝塚に、
温泉街の川向かいになる武庫川左岸の埋立地に新たな温泉施設「宝塚
新温泉」を建設し、鉄橋付近にダムを設けて人工湖を築き観光地とし
た。1911年の宝塚ファミリーランドの誕生である。ここに箕面の動
物園を移し、さらに1913年宝塚唱歌隊を作るのである。

小林は、女子が膝から上を出すのは品格に欠けるとされた当時、偏
見と闘いながらも女性のあるべき姿を考えた教育を試み、人々に夢を
与えたいと目論んだのである。

一方この間1918年に新大学令が発布され、全国各地の私学は次々
と大学に昇格していった。当然関西学院の学内の機運も大学昇格に傾
いていたが、大学設置には用地が狭く財政的にも厳しい状況から、原
田の森では成し得ない状況にあった。また、阪神工業地帯として脇浜

50 第1部 宝塚の歴史・文化・自然

地区に大規模な工場が建設され、神戸市は街が東へ発展拡張しながら都市化が進んでいくこととなる。一方で森に囲まれ恵まれた「教育の地」としての周辺環境が、産業の発展とともに徐々に損なわれ、総合大学の設置を目論む関西学院としてキャンパスの移転が重大な課題として、その転機となっていったのであった。

4　関西学院上ケ原移転と小林一三

　大学の設置が悲願となっていた関西学院は、校地拡大の必要性と財政上の問題が如何ともし難い壁となって立ちはだかっていた。関西学院は、当時阪急電鉄の専務であった小林と、直接交渉をした。関西学院が必要としている10万坪の土地と建物、そして差し当たりの大学設置の供託金の申し出に対し、小林はわずか5分余りの交渉で即断を下したとされている。1928年、関西学院の原田の森校地を阪急が買収、一方で上ケ原校地を阪急がまとめて関西学院に土地を売り渡すことで、関西学院の大きな財政的な課題は一気に払拭された。関西学院の移転は神戸市の引き留めがあったなかでほかの候補地も検討されたものの、小林一三は沿線開発への強い意欲から上ケ原移転を条件とすることで、その後の互いの成功に繋がるのである。

　阪急電鉄西宝線（現・今津線）は1921年9月に西宮北口―宝塚間の営業を開始した。開通当初西宝線の駅は現在の西宮市域には門戸厄神前駅（現・門戸厄神駅）のみであった。当時の武庫郡甲東村一帯に広大な土地を所有していた芝川又右衛門氏は、所有地の便を図るため駅の設置を請願、折衝の結果、土地ほかを阪急に寄付することで、甲東園前駅（現・甲東園駅）が1922年6月に設置された。「甲東園」とは芝川氏が経営していた果樹園の名称を付したものである。

　駅開設の翌年、阪急は甲東園住宅地所（1万坪）の売り出しを開始した。現在の上ケ原キャンパスも W. M. ヴォーリズの設計による建

物群が中心となり良好な教育環境を醸し出している。移転当初の周辺に広がる果樹園とキャンパスを隔てる垣根のない広々とした風景を、時の関西学院ベーツ院長曰く"We have no fences."とし、この考え方は今も受け継がれ、目指す大学像は「垣根なき学びと探求の共同体の実現」とされている。

5　文化、教育の地、阪急沿線の実現

1920年10月に開通した当時の阪急神戸線の終点は上筒井駅であったが、建設中から神戸の中心地三宮までの路線延長が必要と認識され1936年に三宮（現・神戸三宮駅）乗り入れを実現した。

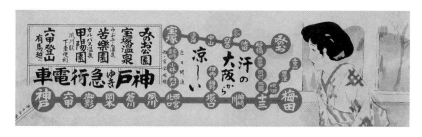

図2-4　1921年の阪急電車ポスター
（出所：公益財団法人阪急文化財団）

小林の「百年の大計に則って仕事をする」との信念が多くの幸運を招き入れたものであろう。

関西学院の旧原田の森キャンパス跡地は1950年に開催された日本貿易産業博覧会（神戸博）の会場として使用され、現在は王子公園として王子スタジアム・王子動物園などが整備され、多くの人で賑わっている。その一角に旧関西学院の建物「ブランチ・メモリアル・チャペル」が「神戸文学館」として唯一残されている。敷地の石垣には「関西学院発祥の地」と刻まれた石がはめ込まれており、神戸市に残る最

52 第1部 宝塚の歴史・文化・自然

古のレンガ造りの教会建築物として大切に保存されている。2008年には国の登録有形文化財に指定された。この一帯は隣接する県立原田の森ギャラリーも含めて一大文化ゾーンを形成している。

関西学院が移転した上ケ原地区は、同じく神戸市より移転し、ヴォーリズの設計により建てられた神戸女学院、そして聖心女学院や聖和大学（現・関西学院大学教育学部）などの学校が集積し、全国でも有数の文教地区として好ましい沿線環境を醸し出している。2011年公開の映画『阪急電車』においても阪急今津線が特別の存在として紹介された。

6　十歩先を行く新たなる価値の創造

箕面有馬電気軌道の創業を担った小林がおこなった鉄道の需要創出にさまざまな方策を講じた沿線街づくり経営のビジネスモデルは既述の通りであるが、住宅分譲・遊園地・ターミナル・デパートなど総合事業により鉄道旅客の安定的創出を独創的かつ果敢におこなった。創業時に30万坪の住宅経営用土地を手当てし、それを前面に「最も有望なる電車……」のキャッチフレーズで資金調達をおこない、現実にその土地の売却益で経営の基盤を築く。

当初小林の鉄道事業は「土地を食って走る」として箕面有馬電気軌道は「みみず電車」と揶揄されていた。

現金主義を企業経営のモットーとした小林であるが、先ほども述べた通り、生活者に対しては住宅分譲において日本で初の割賦分譲をおこなった。これは購入のしやすさは言うまでもないが、常に先を見た発想を持つ小林の企図したものであった。小林は、10年の割賦であれば、その期間のうちに顧客は定住を頂けるであろう、そして子供が誕生すれば更に……と街づくりと持続的鉄道の発展がシナジー連携すると考えた。また、住宅地には集会所や購買所を設けるなど地域のコ

第 2 章　小林一三と阪急電鉄・関西学院　53

図 2-5　最初に開発した池田室町住宅地（1910 年）
（出所：公益財団法人阪急文化財団）

ミュニティ作りにもすでに目を向けていた。それは 1903 年に英国のエベネザー・ハワードが提唱した「田園都市論」に基づく都市機能と田園生活の機能を結合させるという考えに共鳴し、地域発展の一翼を担い、人々の生活の向上とサスティナブルな社会を目指すことが沿線の発展と需要の安定に繋がるという発想を実践したものである。このモデルの一環として当時の箕面有馬電気軌道の沿線全体をカバーできる病院やさらに学校の誘致による沿線開発にも尽力した。

　鉄道会社が百貨店を経営する事例は、当時国内のみならず海外にもなく、梅田駅にビルを建設し、1 階に東京・日本橋の老舗呉服店系百貨店「白木屋」を誘致、2 階に阪急直営食堂、さらに上に日用品販売店を入れ、阪急マーケットという名を改称し、阪急百貨店をターミナル竣工に合わせ開業した。世界恐慌の最中の挑戦で、市内が一望できる階でのスプーンで食べる「ソーライス」（ライスだけ注文してソースをかける）、25 銭コーヒー付きのランチメニューは、一般大衆をラ

イスだけの注文で元気にし、後年所得が増えた折にソーライスを思い出して阪急のファンが増えるとする顧客囲い込み戦略がうかがえる。新たに開通した「神戸ゆき急行電車」を「綺麗で早うて、ガラアキで、眺めの素敵によい涼しい電車」というポスターは「大衆相手の平凡主義」で大衆をターゲットにし、地域が人を育てていくという発想に基づいている。世のなかに「貸勘定」を増やし大衆とともに文化度をレベルアップする「阪急ブランド」の醸成のプロセスを作ったといえる。

　小林は、かつての因習から脱却し、洋装、料理、スポーツ、余暇、文化といった所謂「ハイカラ」（High Collar）という西洋文化の採り入れ、新たな価値を創造していった。

　東京では 1932 年に東京宝塚劇場、1937 年に東宝映画の設立（1943年には両社は合併し現在の「東宝」となる）といったエンターテインメント事業を構築した。また鉄道事業を通して進める小林の経営手法が、渋沢栄一らが創設した田園都市の経営において、五島慶太が率いる東京急行電鉄に引き継がれた。小林は 1936 年阪急グループの会長を退いた後、東京電燈（現在の東京電力）の経営の立て直しなど日本の近代化のインフラを構築するマネージメントを実施したといえよう。

　小林の発想の目線はいつも大衆にあった。良いものを安く、顧客発想である。

　かつて阪急電鉄の事業規範「五戒」の一に「吾々の享くる幸福は御乗客の賜なり」とあるように、商売は売上と利益だけではない発想を植え付けていた。また当時から女性についての考え方として、自立ができ、子供を育て、家庭を守るという精神修養が重要であるとし、女性の教育に注力すべきだと訴え続けた。そしてそれは宝塚歌劇のモットー「清く・正しく・美しく」にも如実に現れている。

　まさに小林は「時代の十歩先」が見えた人であった。

7　世界視座に立ったソーシャル・イノベーションへ

　小林の数多くの発想は、今なお私たち、事業を営む者にさまざまなヒントを与えている。

　過去に事例がなくとも、時代の先をきちんと読むことで集客できること。また人の教育、特に女性の公平な教育の重要性。沿線顧客こそが企業のブランドを作ってくれること。社会への貢献が不可欠であること。ピンチはチャンスに変えられること。敵は将来の強いパートナーとなる可能性があること。安心・安全が前提であること。自分の目で未来を感じ取ることが大切なこと等々、私たちが小林から得た有形無形の資産は枚挙に暇がない。それは一言で言うと、日本社会に「ソーシャル・イノベーション」をもたらしたといえよう。

　小林の街づくりは沿線に新風を吹き込み続ける一大ゾーン形成の視点に立ち、現在に至っても、全国でも「最も住んでみたい沿線」として常に高い評価を得続けている。

　小林一三から脈々と続くサスティナブルなブランドを通じて、新たなライフスタイルを発信し進化を続ける阪急、また地域社会から愛され続ける関西学院はともに、今後グローバルな発想で関西から世界に向けて新たな発展と社会的な貢献が期待される。

［参考文献］

河鰭信（1956）『菊に偲ぶ——故河鰭節追憶』。

関西学院百年史編纂事業委員会編集（1994）『関西学院百年史　通史編Ⅰ資料編Ⅰ』関西学院。

関西学院百年史編集委員会（2002）『関西学院史紀要第八号』関西学院。

関西学院百年史編集委員会（2008）『関西学院史紀要第十四号』関西学院。

北康利（2014）『小林一三』PHP 研究所。

京阪神急行電鉄株式会社編（1959）『京阪神急行電鉄五十年史』京阪神急行電鉄。

小林一三（1991）『小林一三日記』1-3、阪急電鉄。

小林一三翁追想録編纂委員会編（1961）『小林一三翁の追想』小林一三翁追想録編纂委員会。

千島土地株式会社（2012）『千島土地株式会社設立 100 周年記念誌』千島土地株式会社。

阪神急行電鉄株式会社編（1936）『神戸市内高架線史』阪神急行電鉄。

山下忠男（2000）『町名の話——西宮の歴史と文化』。

吉原政義編（1932）『阪神急行電鉄二十五年史』阪神急行電鉄。

第3章

宝塚市 ほんの1日の小旅行
電車の姿とともに

永田 雄次郎
（関西学院大学文学部教授）

はじめに

　宝塚市は宝塚歌劇団が存在することにより、その名は全国的に広がっている。『すみれの花咲く頃』の甘美なメロディーを伴って都市のイメージが沸き上がってもくる。この想い、あながち見当違いでもなかろう。

　麗しい宝塚市を味わおうとするとき、JR、阪急宝塚駅にさりげなく置かれる宝塚市に関する無料のパンフレット（イラストマップも含める）はどのような意味を持っているのか。誰のためのものなのだろうか。他地域から旅をする目的の人々が携帯して、この地探訪の案内役を務めるためだけのものなのか。否、宝塚あるいは近隣の住人にとっても「小さな1日の楽しい旅」の親しき友となること請合である。

　一見ささやかだが、豊かな情報量を持ち合わせてもいる、これらのパンフレット（イラストマップ）にこだわって、市内を見渡しながら、具体的に歩いてみようとした結果が、このエッセイもどきの感想文であって欲しいものである。

1　宝塚市の地図を取り出す

　これから始まる小旅行に先立ち、まず、宝塚市全域の地図を見渡す

ことにする。私たちの想像する以上に、はるかに広い宝塚市が見えて
くるはずである。北には西谷地区があることを知り、その大きさに驚
かされる。他府県の人々はもちろん、宝塚市住民で、いったいどれく
らいの人々がこの地を訪れたことがあるのだろう。

　関西学院にあっては三田市に千刈キャンプ施設を有する。キャンプ
場の横を流れる羽束川を通過すると、その地は宝塚市なのである。実
は、私たちはここから西谷地区を実感し始めることになっている。キャ
ンプ場の入口前の道路を東に進み、右折して普明寺橋を渡れば宝塚市
指定文化財「厨子扉絵」を所蔵する普明寺にいたる。今来た道に引き
返し、東進すれば波豆八幡神社で、1403 年建立の本殿は国の重要文
化財である。歴史文化の香りがする。さらに同方向へ歩みを続けると
やがて西谷支所に到着する。

　そこから北へ、上佐曽利に向かうと萬正寺の静かな雰囲気に出会う。
先年、同寺住職の吉尾氏の計らいで秘仏「薬師如来坐像」を拝観させ
ていただいたことが忘れられない。このように、風景、歴史において
私たちの心を魅了する西谷地区もまた宝塚市なのである。

　西谷地区を概観するには、宝塚市発行の「宝塚散策 MAP 〜西谷編
〜」なるパンフレット（イラストマップ）が便利と思われよう。JR
宝塚駅構内で手に入れることが可能で、数種類ある同シリーズのうち、
「西谷編」には、「田園・里山風景の広がる体験型リゾート『西谷地
区』[1]」とある。豊かな自然の息吹を感じつつ長い歴史を持つ宝塚市が
見え出す。この市は広く奥が深い。

2　小旅行の準備

　宝塚、あるいは宝塚市を知る準備段階として、その歴史研究方法に
ほんの少しだけ触れておこう。宝塚の地域の歴史をわかりやすく記し
た著書は数多く出版されている。直宮憲一『宝塚の歴史を歩く』[2]は代

図 3-1 「阪急沿線　悠遊一日紀行」パンフレット
左から「逆瀬川──宿場町へタイムスリップ」「宝塚・宝塚南口──花香る心のオアシスへ」「中山観音〜山本──山麓の寺社」「雲雀丘花屋敷〜川西能勢口──大正ロマンの街」。(出所:阪急電鉄株式会社)

表的著作とも思えるもので、著者の長年の実証的研究成果を踏まえて、歴史、名所、名刹、文化財等を詳細に述べている。良書であり参考とすることも多い。文化遺産について調べるときは、『宝塚市史』(第7巻)を繙けばよいし、江戸時代の当地については、秋里籬島『摂津名所図会』がよく引き合いに出される。同書で宝塚を、「此塚の辺にて物を拾ふ時はかならず不時に福徳を得るとぞ」(同書巻6)と記述されることはよく知られている。

　おや？　やや専門的な話になり過ぎてしまっているのでは……。無料のパンフレット(イラストマップ、写真付きのガイドマップもある)によって手際よく宝塚、宝塚市の歴史、文化を周知し、体験することがここでの第一の課題であることにいち早く立ち帰る必要が生じているのではないか。

　阪急電鉄の主要駅には沿線の各駅を起点、終点とした観光マップ、名づけて「阪急沿線　悠遊一日紀行」(以下「一日紀行」と略)が並んでいることを知っている人はいかばかりいらっしゃるであろうか。

梅田、河原町、神戸三宮というターミナル駅など主要駅周辺もしくは隣り合う2駅のあいだの文物を知ることのできる三ツ折の細長いイラスト、写真付きのパンフレットを多数、手に取ることが可能である。もちろん宝塚駅にも置かれている。これは面白い。現在、入手できる宝塚市に関する「一日紀行」パンフレットを抜き出してみることにしよう(5)。それぞれには、その地域をイメージできるタイトルが掲げられていることも特徴となっているようだ(図3-1)。

3 「一日紀行」のパンフレットを手にして

一般的に観光マップ付パンフレットは日本各地の観光案内所などに準備されていることだろう。とある地を来訪した折、どこに行けば何が見られるのか、当地の名物料理は何であるのかなどを一目で理解できるように、それぞれの地域が工夫をこらして制作する。便利であることのみならず、美しくレイアウトされた手引きは、当地を見たり聞いたりする楽しさを旅人に与えてくれることも多かろう。

神戸市はさすがに国際都市らしく、基本となる「港・市街地観光ガイドマップ」は、日本語、英語、中国語、ハングル、タイ語などの言語版を用意し、多彩な訪問者に対応している。地図上に「路上喫煙禁止地区」を示し、「『ぽい捨てと路上喫煙の防止に関する条例(歩きタバコ禁止条例)』により、路上喫煙禁止地区内での喫煙行為には、違反者に対して1000円の過料が科せられます」など重要な内容も加えられていることは注目に値する。

「兵庫津の道ガイドマップ」「北野観光ガイドマップ」「灘の酒蔵」などより細分化された地図も作成しており、ここでも日本語以外の表記がされている。京都市の「京都・観光マップ」も同じような内容のものと見なしてもよいであろう。

これらに対して、阪急電鉄の「一日紀行」は1ないし2駅の範囲を

取り扱ったマップであることを特徴としている。狭い地域の観光案内と解するべきであろうか。たとえば、「雲雀丘花屋敷・川西能勢口」は、「トータル約 6.0km」と両駅間を歩く道を例示しながらその距離も明らかにしている。このコースを基本に歩くと周辺の名前、歴史を知ることが示されるとともに、所要時間を推測できるような配慮がなされる。そこには、ほかの「一日紀行」にも共通する、それぞれの見どころの解説と写真が添えられる。三ツ折のハンディタイプの「一日紀行」はこの小旅行において持ち歩きやすい利便性を意識していることは言うまでもなかろう。

　「一日紀行」のような工夫を他地域のものと比較するのも興味深い。姫路市の「よってくだんひめじ　まち案内マップ」も、地図とともに全行程距離、場所の移動にかかる時間が記され見映えがする。ただし、姫路のマップはやや硬質の紙を使用し、美しい写真で飾られた A4 の紙型そのままの大きさを生かすことに対し、「一日紀行」は A4 の紙型ではあるが、薄手の紙を折ったものであることが大きく異なる点である。美しさの強調か、手軽さを求めるのか、それぞれの制作目的の違いが明らかで、パンフレットの意味の多様さを私たちに教えてくれている。

　多少、マニア的趣味に偏することにもなろうが、全国の観光マップ、パンフレットを多く収集し、その表現、目的を比較検討するなかで、それぞれの地域の文化、歴史的特質を思いながら空想の旅人となること、あるいは実際の旅の道すがらに身を置くことも一興かも知れない。

4　小さな旅行が始まった

　おやおや、話題が本来の主旨から大きく逸れ始め、話も次第に概念的になりはじめているような感じがしてきた。軌道修正の必要がありそうだ。

阪急電鉄の手による「一日紀行」は、必然的に阪急沿線周辺の地を歩くという目的を持っている。宝塚市に限定すれば、残念なことに西谷地区は除かれることになる。ここで、すでに提示しておいた宝塚市内に該当する４種の「一日紀行」コースのうち、「中山観音〜山本――山麓の寺社」を選んで、実際に歩いてみることにしよう。

宝塚線の中山観音駅から山本駅までのあいだ、８カ所の見所を提示した約 5.5km の旅のコースが見える（図 3-2）。開かれたパンフレットの内側には、歩行コースのイラストマップ、写真付きの個々の寺社を中心とした解説文が並んでいる（図 3-3）。さあ、中山観音駅からの小旅行の始まりである。東京の水天宮とともに安産を祈願する信仰の場として知られる中山寺をまず訪れるべき

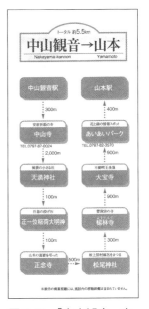

図 3-2 「中山観音〜山本」編（コース）
（出所：「阪急沿線 悠遊一日紀行 中山観音〜山本」阪急電鉄株式会社）

ではあるが、同寺はあまりにも大きな存在であり、その賑わいに少し遠慮して山本駅への道を歩みだしてみた。（かなりワガママな出発であろうか）

地図では点線で示された道は「巡礼街道」と書かれている。パンフレットには「巡礼街道と呼ばれる旧中山街道」とあるが、よくわからない。宝塚市「宝塚散策 MAP」に「巡礼道（巡礼街道）編」があったことを思い出した。その記述によると、「奈良時代に徳道上人が創設したとされ、平安時代に入って花山法皇が復興させたと伝えられる観音霊場巡りの道」とされる。徳道上人の行の真偽はともかくとして、ここは西国三十三所観音巡礼の道なのか。そうだったのか。

中山観音駅前の小さな川は勅使川と呼ばれることを知り、少し歩く

第 3 章　宝塚市 ほんの 1 日の小旅行　63

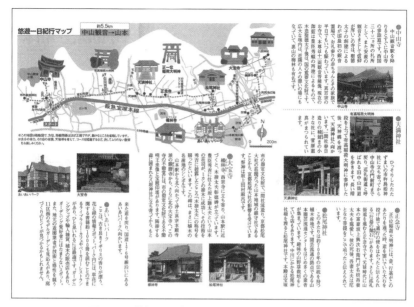

図 3-3　「中山観音～山本」編（イラストマップ）
（出所：「阪急沿線 悠遊一日紀行 中山観音～山本」阪急電鉄株式会社）

と赤い鳥居の立ち並ぶ階段が目に入ってきた。有高稲荷大明神である。鳥居のあいだを通り抜けて上へ上へ階段を上って行く。「小さな、小さな伏見稲荷」の道を進む気がしてきた。しかし、社がない。鳥居も 2004 年、2005 年、2010 年奉納の新しいものである。後日調べると、2006 年、本殿、拝殿が火災で焼失していたとのことであった。

　有高稲荷大明神の現在の姿についてよりよく知るにはどのようにしたらよいのであろうか。頼り甲斐のある書物が最近刊行された。『阪急電車　宝塚線沿線　まちあるき手帖』[8]（以下『まちあるき手帖』と略）である。「一日紀行」をより詳しく解説したもので、それによると 2009 年再興と記されている。これ以降、近在の有志によってさらに鳥居の数が増加し、信仰深い赤いトンネルのような姿になっていくことを期待してみたくなった。

　鳥居の前の道を山本駅までまた進み始める。この歩みのときのみな

64　第1部　宝塚の歴史・文化・自然

らず、たえず阪急電車の通過音が聞こえる。阪急電車作成の沿線ガイドであるから、当然といえば当然ではあろう。電車を見ることもある。巡礼道に沿った歴史の地区を尋ね、はるかな昔を思いやるのと同時に、近代的な電車の走行の音で今に帰るといった気分の繰り返しは電車好きの日本美術史学徒にはたまらない。街道筋の街並みも、電車の姿と不思議に、それも巧みに調和している。歴史への眼差しが現代に引き戻されてしまうとの意見もあろうが、これはこれで趣きあるものと思われないだろうか。（あくまでも個人的見解ではあるが）うれしさが増し加わってきた。この次は、どこに何を見つけるのであろうか。

　県道335号線（中野中筋線）との交差点に立った。そこを渡れば道標を発見する。「すぐ中山寺道　左ざい所道」と書かれ、制作されたのは、「宝暦三癸酉歳二月」の銘文から、1753（宝暦3）年であることが知られる。このとき、宝塚市内で、このような道標を数多く見てきたのではとの思いが頭に浮んだ。たしか、宝塚駅前、宝来橋を渡り、湯本町にもあったと記憶している。古刹があり、街道が交差し合う地域としての宝塚の特色と関連付けられるかも知れない。

　このような道標のことをさらに調べてみようとすれば、宝塚市事典編集委員会編『宝塚市大事典』(9)（以下『大事典』と略）が大きな力となる。そのなかで、「道しるべと宝塚」の項目を開くと、解説、所在地図、各々の道標の分類表と写真が掲げられ、新たに道標を訪れ歩く歴史愛好家も出現することであろう。かなりの数の道標の情報がそこに見える。

5　目的地は泉流寺

　巡礼道は天神川に架かる天神橋を過ぎると、こんもりした森が見え出す。天満神社の森である。手入れの行きとどいた境内の清々しい佇まいは、旧山本村の「氏神」として地元の人々の手で大切に守り伝え

第3章　宝塚市 ほんの1日の小旅行　65

図 3-4　行基の拋石(なげいし)

られていることを物語っている。祭神は菅原道真で、本殿は 1665（寛文 5）年に再建されたと伝わる一間社春日造(いっけんしゃ)で宝塚市指定文化財となっており、この道を歩く旅人には見逃すことはできない。

　この神社の端（今は区別されている）に一位稲荷大明神があり、そのまたやや見えにくい所に「行基の拋石(なげいし)」（図 3-4）がある。大きな岩であるが見過ごしそうになるのではとも思えてくる。ご注意を。「昔、行基がこのあたりを通ったとき、道を塞いでいた大石を投げ捨て通行の便をはかったと伝えられる」(10)と「一日紀行」は、その豪快な逸話を紹介している。行基といえば、伊丹の昆陽寺は行基の創建であるが、宝塚のこの地と伊丹は距離も近いなと旅の途中で思いを巡らせることも楽しい。拋石を単なる行基伝説と考えてしまえば、その時点で心躍る空想の時間は終了となってしまうのではあるが、それは惜しい。

　阪急電車と程良い距離を保ちながら、目的地、山本駅を目指す歩みは、この地の富豪坂上與次右衛門と吾妻太夫の交友の物語に縁のある正念寺の角に足を止めることとなった。そこに置かれる道標から北の方向に少し歩を進めると泉流寺（図 3-5）が見えてくる。

　泉流寺本尊「十一面観音菩薩立像」。筆者にとってこの仏像との出

図3-5　泉流寺

会いを忘れることはできない。1975年頃であった。恩師、関西学院大学文学部教授であった磯博先生が宝塚市文化財審議会委員として同寺本尊の調査を依頼された。当時大学院生の筆者は先生のお手伝いとして泉流寺で本尊を見たのである。その美しい姿に磯先生はもちろん、まだ未熟な研究生であった筆者も感動した。時を隔てることなく、1976年11月、宝塚市は本像を市指定文化財としたのである。

　　頭上に十面、頭頂に一面を加えた室町時代の一本彫成の観音像で、宝塚市指定文化財である。彫りは全体にやや浅く、力強い緊張感にはやや欠けるが、胴部の丸味を持つ重量感と優しい顔の表情が見事に合致し、像全体に漂う素朴で親しみやすい雰囲気は、観る人々の心を穏やかなものにさせる。(11)

『大事典』における、近年一度拝観させていただき、本尊の美しさを再確認した筆者の解説であるが、ここには、『宝塚市史』(第7巻)の磯先生が書かれた内容に基づきつつ、先生の本像への思いも込めたつもりである。この仏像は、現在、地域の信仰篤い人々によって丁重

に護られ、毎月 18 日に公開されている。この小さな旅の日も本堂の鍵は閉められてはいたが、堂内でのもはや忘れることのない優しい姿を瞑想してその場を立ち去った。他方、本像は「眠り観音」とも呼ばれているが、その理由を直宮憲一は次のように記す。

　　この観音には昔、徳道上人が三十三所観音霊場を定めるとき、このお寺を訪れたところ、観音が待ちくたびれ眠っており、いくら起こしても起きなかったので、次の中山寺を 24 番札所として旅立たれ、それに懲りた観音が、その反省から眠りに関することを治癒するようになったという伝承が残っており、以来地元ではこの観音様のことを、「眠り観音」と呼ぶようになったということである。[12]

　愉快な話が残っているものである。このユーモラスなことの顛末は、また新たな本像の造形的特徴に深く結び付いているように思えてならない。室町時代に制作された仏像は、藤原時代の優雅な表情を受け継いだ古典的で復古的な作風のものが多い。本像もそれに則しており、優しい表情を持つ。ただし、中央でつくられた洗練された作品とは少し距離を置いた、人懐っこいとでも評すべき素朴さが見られる。この親しみやすさは、本像が地方でつくられた作例に共通する特徴と考えることも可能で、本像の全体から受ける印象と「眠り観音」の民話的とも呼べるような大らかな逸話との見事な一致を見ると考えるのは穿ち過ぎなのだろうか。

6　山本駅に着いたようだ

　話がやや自己中心的かつ熱っぽくなってしまった。再び正念寺の角に戻り、冷静に次の駅の方向に歩き出すことにしよう。中川を渡れば、

図3-6　木接太夫彰徳碑

坂上田村麻呂を祭神とし、京都の松尾大社とも縁のある松尾神社が姿を現す。石段を上がり、境内に入ると、江戸時代初期建立の宝塚市指定文化財である一間社流造柿葺(いっけんしゃながれづくりこけらぶき)の本殿が視界に入ってくる。本殿の向かって右側に御輿庫(みこしぐら)が見え、どこか身の引きしまる雰囲気は、ここを訪れる人々の気分を新たにするに充分であろう。これは、地元の人々にとってかけがえのない信仰的な存在であることは言をまつまでもなかろう。

　満ち足りた心で松尾神社から南へ、阪急電車の線路近くに下りてくれば、楊林寺(ようりんじ)、西宗寺(さいしゅうじ)が並んでいる。そこに、電車が眼の前を通過すれば、今までのやや疲れた身体が元気づけられる思いがする。電車の走る姿は本当に美しい。ここまで歩いてきたならば、木接太夫(きつぎだゆう)彰徳碑はもう近い。それは目的地、山本駅に程なく到着することを意味する。豊臣秀吉から「木接太夫」の名を与えられた接(つ)ぎ木の発明者、坂上善太夫(頼泰(よりやす))を頌(たた)える碑は、1912年竣工され、別の場所(山本中2丁目)にあったが、1947年に現在(山本駅前)の場所に移されたものである(図3-6)。[1章2節、第10章1節参照]

　この碑は同駅のシンボルであるが、それ以上に、地元では「植木の

名産地・山本のシンボル」[13]なのであろう。目の前すぐに山本駅が見えている。

　中山観音駅から山本駅までの二駅間、「一日紀行」に倣って、大寺院ではなく、地元で大切にされてきた社寺訪問を中心に据えた、主に巡礼街道を行く筆者の細やかな歴史探訪の旅はここに終わりを告げる。だが、「一日紀行」は、山本駅からあいあいパーク、市指定文化財「不動明王坐像」を蔵する大宝寺へのさらなる道も示されている。『まちあるき手帖』は、円筒埴輪の出土などで最近考古学ファンの注目を集めた長尾山古墳が近くにあることを案内する。心身に疲労を覚えていなければオプショナルコースとして、いずれか１つを選択してその場所を歴訪することも面白かろう。それぞれ、見ごたえのある地元の名所である。

　えっ、何ですか？「お前さんは、この先いずこに行くのか」との声がするではありませんか。筆者の回答は、「山本駅近くには丹波街道と京伏見街道が通っている。その２つの道が交わる地点に行ってみたい」というものである。

7　山本駅周辺の道の歴史

　山本駅を南下、JR宝塚駅のガードを潜り抜け、東公民館あたりに行くと、徐に丹波街道はどこを通っているのか、地図を片手に探し始めた。付近の道はなかなかに曲がりくねってわかりにくい。ここで、まず国道176号線に行くことが一番なのではないかということを思いついた。地図によって南北に走る丹波街道と176号線の交差部は阪急バスの口谷東停留所のすぐ近くであることを知る。やがて、信号機のある交差点に至った。この南北の道こそが丹波街道なのだ。

　伊丹から丹波篠山までの道、直宮は「酒造りの季節職人である杜氏や炭、杣、山菜、丹波焼などの日用物資を運んだ道筋」[14]とその意味を

解く。伊丹の酒蔵へ篠山の杜氏が歩み、伊丹、篠山両地域の物流に重要な役目を担った。しばらく行くと山越えとなって行く街道があった。感慨深く交差点で北の方を見るのであるが、現在は口谷で一旦途切れる道である。時の経過を感じさせる街道かも知れない。

　今度は、京都から名塩への古道である京伏見街道と丹波街道の交わる所を探し当てることを始める。これは、176号線と交差する丹波街道を少し南へ行くことで、比較的短時間で、口谷西2丁目付近で確認することができた。京の都から各地へ、地方から京都へ、公家、武士、商人といった各階層の人物の往来、そこに発生する文物の交流の道としての重要な京伏見街道がここに見えるではないか。伊丹に向う丹波街道、名塩を目指す京伏見街道、重要な2つの道が交差する場はダイナミックな力の備わった地点であるように思えてならない。

　ここから京伏見街道を西に歩き、口谷、山本丸橋へ進んで行く。途中、街道と県道332号線（山本伊丹線）の交差点近くで丸橋の地車庫を発見する。宝塚市は地車の多いところでもあり、近年4月、市をあげて華やかな「宝塚だんじりパレード」が開催され、このときに丸橋の地車を見たことが思い出された。（余談ではあるが、筆者の家は元来宮大工で、曽祖父、祖父の作った地車も大阪で活躍していると仄聞しており、格別の思いを持つことになってしまった。）

　この道の近くには園芸関係のお店、庭園を見ることができる。緑色に満ちている。それは、この地域の賑わいを知ることにもつながる。宝塚市を代表する風情であり風景であることは言うまでもなかろう。

　この特色ある口谷、山本丸橋の通りの様子を味わいながらなおも西進する。ふと気がつくと、いつの間にか住居表示が伊丹市荒牧になっているではないか。丁度、この歩みが一段落したと考えるに至った。そこから北の道に変更し、あいあいパークを通って再び山本駅にたどり着く。オプション付きの、この楽しい阪急電車2駅間の小旅行はここに真に終わりのときを迎えたのである。多くの事物、歴史を知り、

念願を果たした快い一日の充実を手にしながら……。

おわりに

　今まで思いつくままに書き連ねたことを顧みると、単に宝塚市内の「一日紀行」の小さな旅を実践し、紹介したに過ぎないような気がしなくもない。だが、１つのモデルケースを擦っただけの満足に終始しなかったのも事実である。筆者の１人歩き、日常生活から少し離れたところに起因する充足感に満たされながら電車の姿、走行音とともにあった喜びの旅がそこに存在した。

　自らが計画した旅を実行することは当然楽しさを伴う。対して、すでに企図されたパンフレットに基づく旅にも教えられるところが多い。たとえば、「一日紀行」の「逆瀬川──宿場町へタイムスリップ」のコースなどは筆者には思いもよらぬものであった。今津線の逆瀬川駅から伊和志津神社を経て、歴史情緒漂う宿場町小浜を見学するという発想には少しばかり驚いた。（歴史の通人には当たり前かも知れないが）こうなれば、小浜から江戸時代、米谷の庄屋、旧和田家を訪れ、宝塚線の売布神社駅へのコースを付け加えることでより魅力ある一日の旅ができないのだろうかと思われてしまう。

　以上のように、パンフレット（ガイドマップ）に導かれる近場の小旅行（多くの場合、一日旅行）の面白さは、もっともっと世間、特に近隣の人々に知られるべきではないかと声を大にして言ってみたいのである。（少し大げさかな？）冒頭の言葉を繰り返すことになるが、旅の醍醐味を味わわせてもらえるパンフレットのような資料、それは電車の駅などにさりげなく置かれている。JR、阪急宝塚駅でそれらを一度手にして、その情報、記述を信頼して、宝塚市での手ごたえのある一日の旅を多くの人々に共有していただきたいものである。

72　第1部　宝塚の歴史・文化・自然

［注］

(1)　宝塚市（2014）「宝塚散策 MAP ～西谷編～」有限会社クルーズ。

(2)　直宮憲一（2011）『宝塚の歴史を歩く』宝塚出版。

(3)　宝塚市史編集委員会編（1980）『宝塚市史』（第7巻）、宝塚市。

(4)　秋里籬島（1974）『摂津名所図会』臨川書店より復刊。

(5)　阪急電鉄（2015）「阪急沿線 悠遊一日紀行 中山観音～山本――山麓の寺社」ほか、阪急電鉄。

(6)　同上、天満神社の説明文。

(7)　宝塚市（2015）「宝塚散策 MAP ～巡礼道（巡礼街道）編～」有限会社クルーズ。

(8)　株式会社阪急アドエージェンシー編（2016）『阪急電車 宝塚線沿線 まちあるき手帖』株式会社阪急アドエージェンシー。

(9)　山口祐子（2005）「道しるべと宝塚」宝塚市大事典編集委員会編『宝塚市大事典』宝塚市。

(10)　注（5）と同じ、正念寺の説明文。

(11)　永田雄次郎（2005）「仏教美術史と宝塚」宝塚市大事典編集委員会編『宝塚市大事典』宝塚市。

(12)　注（2）と同じ。

(13)　注（8）と同じ、木接太夫彰徳碑の説明文。

(14)　注（2）と同じ。

第4章

宝塚市北部地域に残る自然

服 部 　 保
（兵庫県立南但馬自然学校校長）

1　宝塚市の貴重な自然

（1）天然記念物

　宝塚市域は地形等によって、北部地域（西谷地区）、長尾山地域、六甲山地域、山麓地域、南部地域の5地域に区分されている。北部地域には大船山山地、古宝山山地、長尾山山地、大原野低地が含まれる広大な地域であり、武庫川渓谷、丸山湿原をはじめとする豊かな自然が残されている。その宝塚市北部地域に残る自然を述べる前に、宝塚市全体の貴重な自然について、天然記念物（服部、2016）とレッドデータブック（兵庫県自然環境課、2010）をもとに解説したい。なお、本節は服部（2016）に基づき、まとめたものである。

　宝塚市内で指定された天然記念物は、県指定が丸山湿原群の1件、市指定が11件である（表4-1）。このうちクロガネモチの指定は枯死によって解除され、丸山湿原群は市より県に変更されたので、2016年現在市指定は9件となる（図4-1）。県市合計10件のうち人の手が加わっていない自然林の1つである照葉樹林が4件、巨樹が4件、湿原が2件である。

　国内の自然林（人の手が加わっていない樹林）は暖温帯に成立し、照葉樹（常緑広葉樹）から構成される照葉樹林（Lucidophyllous

74　第1部　宝塚の歴史・文化・自然

表 4-1　宝塚市における天然記念物
(服部 2016 より引用)

番号	名称[1]	所在地	指定	対象	指定年月日	内容	ランク[2]
1	カヤ	下佐曽利西川10	市	巨樹	1973.3.30	1本[3]	-
2	素盞嗚命神社の社叢	大原野字南宮2	市	照葉樹林	1973.11.3		C
3	売布神社の社叢	売布山手1-1 売布神社	市	照葉樹林	1975.3.30		C
4	清荒神清澄寺自然林	米谷字清シ1 清澄寺	市	照葉樹林	1975.3.30		C
5	イチョウ	米谷字清シ1 清澄寺	市	巨樹	1975.3.30	2本[4]	-
6	センダン	中筋5-4-4	市	巨樹	1975.11.15	1本[5]	-
7	松尾湿原	大原野字松尾	市	湿原	1978.3.20		C
8	タラヨウ	大原野字上良 阿弥陀寺	市	巨樹	1979.3.30	1本[6]	-
9	満願寺の自然林	切畑長尾山 5-470　満願寺	市	照葉樹林	1981.3.6		C
10	クロガネモチ	小浜5-12-23	市	巨樹	1987.3.30	1本[7]	-
11	丸山湿原群	波豆字下山1-1 ほか[8]	市	湿原	2014.4.10		A
12	丸山湿原群	波豆字下山1-1 ほか[8]	県	湿原	2015.3.10		A

1):指定時の名称。2):兵庫県版レッドデータブック 2010 の植物群落レッドランク。3):幹周 4m、高さ 18m。4):幹周 4.1m・3.2m、高さ 25.4m・26.4m。5):幹周 4.2m、高さ 19.1m。6):幹周 1.7m、高さ 15m。7):枯死により 1998 年 4 月 22 日に指定解除。8):2015 年 3 月 10 日に市指定より県指定に変更。

forest)、冷温帯に成立し、ブナなどの夏緑樹（落葉広葉樹）から構成される夏緑樹林（Summer-green forest）および亜高山帯、亜寒帯に成立し、トウヒ、コメツガなどの針葉樹から構成される針葉樹林（Needle-leaved forest）に区分される。宝塚市域はすべて暖温帯なので自然林としては照葉樹林のみが分布している。縄文時代には暖温帯全域に分布していた照葉樹林も、弥生時代以降破壊されて里山化されたが、ごく一部が社寺林として保存された（服部、2011、2014）。指

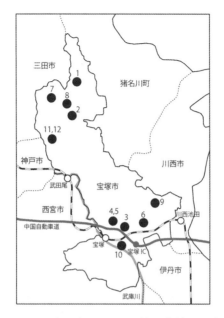

図 4-1　宝塚市における天然記念物の分布

定された照葉樹林はコジイ、ウラジロガシ、アカガシ、ツクバネガシ、ヤブニッケイ、カゴノキ、シロダモ、ヤブツバキ、サカキ、ヒサカキ、アセビ、ネズミモチ、マンリョウ、ヤブコウジ、ベニシダ、オオイタチシダ、ナガバジャノヒゲなどを構成種とし、すべて神社、寺の境内にある。4件の照葉樹林のうち売布神社、清荒神清澄寺、満願寺のものはコジイの優占するシイ型の照葉樹林［暖温帯の低海抜地に広がる樹林、コジイ―カナメモチ群集に位置づけられる（服部、2014）］であり、素盞嗚命神社のものはシラカシ、モミの優占するカシ型の照葉樹林［暖温帯の高海抜地に広がる樹林、ウラジロガシ―サカキ群集に位置づけられる（服部、2014）］に該当している。

　巨樹はカヤ、イチョウ、センダン、タラヨウ、クロガネモチでいずれも巨木、大径木で、特にイチョウは幹周 4.1m、高さ 25.4m に達している。カヤ、タラヨウ、クロガネモチは照葉樹林の構成種である。

76　第1部　宝塚の歴史・文化・自然

1987年に指定されたクロガネモチは兵庫県南部地震の影響を受けて枯死し、1998年4月に指定を解除されたが、クロガネモチの樹幹基部は輪切り（長径47.3cm、短径25.7cm）され、年輪解析された後、その樹幹の輪切りは宝塚市立小浜資料館に保存されている。クロガネモチの樹齢は220年に達していたことが報告されている（服部・江間、1999）。

　湿原は北部地域の大原野字松尾の松尾湿原と波豆字下山などの丸山湿原群の2つが指定されている。松尾湿原は面積178 ㎡の小さな湿原であり、人が立ち入らないよう柵で囲まれ、護られてきたが、逆に遷移が進行し、ハンノキ林化し始めていた。そのため1998年時には宝塚市教育委員会の文化財審議会で指定解除も検討されたが、湿原を再生させることが当審議会で決定されて再生のための第一次作業が宝塚市教育委員会、足立勲氏、服部ほかによって進められた（服部ほか、2000）。その後も宝塚エコネットにより植生管理が続けられ、湿原は指定時よりも面積は拡大し、サギソウ、トキソウが回復し、湿原生植物31種の生育が確認されただけではなく、絶滅していたハッチョウトンボ（兵庫県の絶滅危惧Bランク）も2014年に本湿原に復帰した。

　巨樹や照葉樹林の天然記念物指定は全国的な傾向であるが、湿原の天然記念物指定は比較的少ない。

　丸山湿原群は松尾湿原に比較して面積も大きく、自然性も高いが、各種開発計画との関係から天然記念物指定にいたらなかったが、市民等の活動によって、湿原部分約0.4haと湿原を支える周辺の里山林とバッドランドの計70.9ha、合計71.3haの地域が2014年4月に宝塚市の天然記念物として指定された。2015年には兵庫県の天然記念物としての価値が十分にあるとして、市より県に指定変更された。

（2）貴重な群落

　兵庫県自然環境課（2010）は絶滅・消失が危惧される植物群落、植

第4章　宝塚市北部地域に残る自然　*77*

物個体群をまとめた兵庫の貴重な自然、兵庫県版レッドデータブック
2010（植物・植物群落）を公表している。レッドデータブックのなか
にまとめられている植物群落等のレッドリストは、法や条例に基づい
て作成されたものではないので、各群落の保全に関して法的な強制力
はないが、レッドリストに記載された群落は天然記念物に相当する貴
重なものであり、積極的に保全すべきものとされている。本資料に基
づいて、宝塚市におけるレッドリスト記載地をまとめたものが表 4-2
である。表 4-2 には兵庫県、宝塚市指定の天然記念物、兵庫県環境の
保全と創造に関する条例に基づく兵庫県環境保全地域、宝塚市自然環
境の保全と緑化の推進に関する条例に基づく自然環境保全地区も示し
た。

　レッドリスト記載地は照葉樹林 11、里山林 4、湿原 10、個体群 1（ベ
ニバナヤマシャクヤク個体群）、池沼植生 7、岩上植生 1（武庫川渓谷、
武田尾）の合計 34 である。照葉樹林については宝塚市南部の巡礼街
道沿いの満願寺、天満神社、松尾神社、中山寺、売布神社、清荒神清
澄寺に保全されている樹林群がすべてリストに記載されている。清荒
神清澄寺、素盞鳴命神社、売布神社、満願寺の照葉樹林と丸山湿原群、
松尾湿原についてはレッドリストと天然記念物の両者が指定されてい
る。今回取り上げることはできなかったが、武庫川渓谷の岩上植生は
サツキ、アオヤギバナ、ヨコグラノキ、ツメレンゲ、カギカズラ、イ
ワチドリ、キンキヒョウタンボク、ケキンモウワラビ、ヒメウラジロ
などの絶滅危惧種より構成される宝塚市内でもっとも重要な生態系で
ある。

78　第1部　宝塚の歴史・文化・自然

表4-2　宝塚市における兵庫県版レッドリスト記載地の植物群落（服部2016より引用）

番号1)	ランク2)	群落名	所在地	対象	県天然3)	市天然4)	県環境5)	市自然6)
17	C	ウラジロガシ林	紅葉が丘　塩尾寺	照葉樹林				
18	C	アカガシ林	玉瀬前田　素盞鳴命神社	照葉樹林				
19	C	コジイ林	山本西1　天満神社	照葉樹林				+
20	C	コジイ林	山本東1　松尾神社	照葉樹林				+
21	C	コジイ林	米谷字清シ1 清荒神清澄寺	照葉樹林		+		
22	C	シラカシーモミ林	大原野字南宮2 素盞鳴命神社	照葉樹林		+		
23	注	ウラジロガシ林	大原野字学坂　宝山寺	照葉樹林				
24	C	コジイ林	中山寺　中山寺奥之院	照葉樹林				
25	C	ツクバネガシ林	波豆大畑東掛　八幡神社	照葉樹林				
26	C	コジイ林	売布山手1-1　売布神社	照葉樹林		+		+
27	C	コジイ林	切畑長尾山5-470　満願寺	照葉樹林		+	+	+
227	C	アカマツ林・他	切畑長尾山　桜の園	里山林				
228	C	アカマツ林・他	境野保与谷 西谷の森公園	里山林				
229	C	アカマツ林・他	小林西山 ゆずり葉の森	里山林				
230	C	アカマツ林・他	花屋敷荘園・北雲雀丘緑地、きずきの森	里山林				
256	C	湿地生植物群落	下佐曽利	湿原				
257	A	湿地生植物群落	波豆　下山　丸山湿原	湿原	+			
258	A	湿地生植物群落	玉瀬　桃堂湿原	湿原				
259	B	湿地生植物群落	芝辻新田	湿原				
260	C	湿地生植物群落	大原野　松尾　松尾湿原	湿原		+		
261	注	湿地生植物群落	大原野　猪ノ倉	湿原				
262	B	湿地生植物群落	中山寺　中山寺奥之院	湿原				
263	注	湿地生植物群落	中山荘園〜中山寺	湿原				
264	C	湿地生植物群落	大原野大日裏・まむし谷	湿原				
265	C	湿地生植物群落	玉瀬　添谷	湿原				
306	C	ベニバナヤマシャクヤク個体群	川面長尾山、大峰山北斜面	個体群				
373	B	池沼生植物群落	玉瀬細尾	池沼植生				
374	A	池沼生植物群落	境野	池沼植生				
375	A	池沼生植物群落	大原野	池沼植生				
376	B	池沼生植物群落	長谷	池沼植生				
377	B	池沼生植物群落	下佐曽利	池沼植生				
378	C	池沼生植物群落	上佐曽利・スゴ池	池沼植生				
379	C	池沼生植物群落	波豆・谷田池	池沼植生				
455	A	岩上生植物群落	武庫川渓谷	岩上植生				

1）：兵庫県版レッドデータブック2010の植物群落の番号（単一群落の番号）。2）：兵庫県版レッドデータブック2010の植物群落レッドランク。3）：兵庫県指定天然記念物。4）：宝塚市指定天然記念物。5）：兵庫県環境緑地保全地域。6）：宝塚市自然環境保全地区。

2　北部地域の貴重な自然

（1）丸山湿原群の位置および立地特性

　宝塚市北部地域には天然記念物９件のうち５件（カヤ、素盞嗚命神社の森、松尾湿原、タラヨウ、丸山湿原群）、レッドリスト34件のうち21件（素盞嗚命神社、武庫川渓谷など）が存在している。このほか北部にはナツツバキ、イヌブナ、カザグルマなどの稀少種や種多様性の高い里地、里山が分布しており、宝塚市にとって北部地域の自然はたいへん貴重である。なかでももっとも重要性が高いと考えられる丸山湿原群を取り上げて、足立（2001）、福井（2011）、福井ほか（2011、2012、2013）、服部（2016）、服部ほか（2006）、兵庫県阪神北県民局（2014a、2014b）、矢野・竹中（1980）などをもとに解説する。

　丸山湿原群は宝塚市北西部の波豆字下山、玉瀬字ドベッド、境野字清水ヶ谷の緩やかな丘陵地の谷部に点在する５つの湿原から構成されている（図4-2）。その総面積は約4000 ㎡に達し、兵庫県下で最大の湿原である。湿原は有馬層群という中生代に堆積した地層、岩石でみると境野溶結凝灰岩上に成立している。湿原が持続するためには、①地形が穏やかで雨水、流水による浸食、開柝が進みにくいこと、②土壌母材が粘土、シルトなどの不透水性の土質であること、③日常的な降雨や流水による浸食によって生じた小さな水路への土砂（シルト）供給、あるいは豪雨による湿原への大量の土砂供給によって、水路が埋め戻されて、再び平準化されたり裸地状態の立地が形成されること、④③が発生するための土壌母材が周辺に存在することなどの地形・地質条件が必要である。当地域一帯は凝灰岩の風化による透水性の悪い、湿地生以外の植物の生育には不適なシルトが分布している。そのため、シルトの堆積した立地やシルトの供給地である傾斜の急な斜面部には

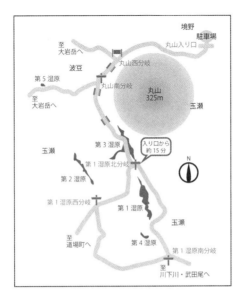

図4-2　丸山湿原群（兵庫県宝塚市波豆、境野、玉瀬）の位置

植生が発達しにくく、さらに、燃料確保のための樹林伐採によってはげ山化することが多く、伐採されなくなった現在もはげ山状態（バッドランド地形）で残されている所が少なくない。このはげ山が丸山湿原群の土壌母材であるシルト供給先であり、湿原の生命線となっている。燃料革命以降、里山林が放置され、樹木の繁茂やはげ山部分の植生回復が著しい。樹木の繁茂は湿原への日照や水量不足を招く。また、はげ山の植生回復は湿原へのシルトの供給を断つことになり、湿原内に水路と乾燥地の形成が進み、さらに浸食によって平坦な地形が失われ、やがて湿原全体が消失することに繋がっている。

　湿原を成立させるためには前記の地形・地質条件のほか、水条件が重要である。尾瀬ヶ原などの冷温帯、亜寒帯の寒冷地の湿原は池沼周辺に発達することが多い。寒冷地の湿原は、地表部より盛り上がった泥炭層上に成立し、ミズゴケ類から構成され、雨水に依存した高層湿原、雨水だけでなく、流水、止水などの地表・地下部の水分に依存し

ているヨシなどの優占する低層湿原、両者の中間に当たる中間湿原の3タイプより構成される。暖温帯ではミズゴケは分布していても泥炭が生成されず、高層湿原、中間湿原、低層湿原といった寒冷地の一連の湿原群は成立しない。丸山湿原群などの暖温帯の緩やかな地形に発達する湿原は寒冷地の湿原とは明らかに異なっている。暖温帯の緩やかな地形の谷底面や谷壁斜面に成立するこのような湿原は近年「湧水湿原」と呼ばれているが（福井、2011・福井ほか、2011、2012）、実際にはこれらの立地の湿原は湧水といえるような地下から湧き出てくる水を有してはいない。本湿原の水量は、集水域に降った雨のうち谷壁斜面の地表を流れて集まった「地表水」、降雨後、谷壁斜面の浅い土層に浸みこんだ水が不透水層のシルト層に当たり、その層に沿って滲み出た「滲出水」、および湿原に直接降る「雨水」の3者で維持されている（図4-3, 4-4）。段丘礫層より構成される台地に成立する湿原、例えば三田市の皿池湿原では「滲出水」が顕著で、砂層、礫層を通った浸透水が谷壁斜面の粘土・シルト層に沿って滲み出し、そこにモウセンゴケなどの湿地生植物が生育している様子を明瞭に認めることができる（服部、2004）。湿原に入る水量としては、地表部を流れて谷

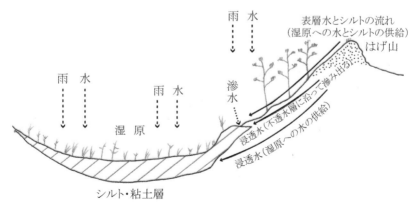

図4-3　滲水湿原への水とシルトの供給模式図

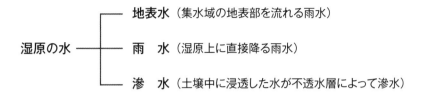

図 4-4　滲水湿原の水量

底面の湿原に入る地表水量の方が滲み出てくる滲出水量より多いと考えられるが、地中に浸透した水が不透水層に沿ってゆっくりと滲み出し、夏の乾燥期でも一定量の水を供給していることが本湿原等、暖温帯の緩やかな地形に発達する湿原の大きな特徴である。本湿原のような暖温帯の緩やかな地形に発達する湿原の名称としては滲み出てくる水という意味から「滲水湿原(しんすい)」という用語が湧水湿原(ゆうすい)という用語よりも適切である（服部、2016）。

（2）成立時期

　豪雨による斜面崩壊、谷部への多量の土砂供給によって縄文時代以前より当地一帯のいずれかの谷壁斜面や谷底面に湿原は点在したと考えられる。それらの湿原は植生遷移や土壌の浸食によってやがて消失するが、また別の立地で崩壊が生じ、そこに新たに湿原が形成されるといったことが繰り返されたと考えられる。弥生時代以降、水田耕作が進み、燃料、肥料の確保のために照葉樹林の里山林化が進んだが（服部、2011）、里山林の過剰利用によってはげ山化が進行する。はげ山の進行は定期的に谷部に多量の土砂を供給し、谷壁斜面を埋めて湿原の成立できる広い谷底面の形成や、湿原の植生遷移をもとに戻す効果を与え、同一場所に湿原が長期にわたって持続できる構造を作り上げたと考えられる。人間の土地利用によって湿原が増加した可能性もある（現在は遷移の進行によって減少）。丸山湿原群の花粉分析と湿原

最深部に残存していた木片の年代測定によって、本湿原の成立は400年前と推定されたが（兵庫県阪神北県民局、2014a）、里山林のはげ山化が始まったのも江戸時代とされているので、前述したように人の土地利用が丸山湿原群を成立させ、さらに同じ立地に持続させたといっても過言ではないであろう。

（3）生物相

兵庫県内に分布する主要な滲水湿原の面積とその湿原に生育する湿原生植物の種数を福井（2011）より引用し、表4-3に示した。面積と

表4-3　兵庫県下の代表的な湿原の湿原面積と各湿原に生育している湿原生植物種数（福井2011より引用）

地名		湿原名	面積（㎡）	種数
神戸市北区　中山大杣池		B	264	32
神戸市北区　中山大杣池		C	373	33
宝塚　波豆ほか　丸山湿原群		第一湿原	2,231	45
宝塚市　芝辻新田			464	28
三田市　相野　皿池湿原		B	744	31
三田市　相野　皿池湿原		D	95	21
三田市　相野　皿池湿原		E	111	22
三田市　相野　皿池湿原		F	15	15
三田市　相野　皿池湿原		G	50	22
三田市　相野　皿池湿原		H	177	23
相生市　釜出		A	97	19
相生市　釜出		B	430	19
相生市　雨内			167	18
赤穂市　有年横尾		B	110	18
赤穂市　有年横尾		E	48	16
赤穂市　有年横尾		A	510	22
赤穂市　有年横尾		D	316	16
姫路市　林田町口佐見			44	16
上郡町　皆坂			563	19
上郡町　皆坂		A	160	11
上郡町　皆坂		B	414	20
佐用町　西新宿			228	14

84 第1部 宝塚の歴史・文化・自然

表4-4 丸山湿原群の主な植物
（福井2011より引用）

科名	種名	"レッドランク"	科名	種名	"レッドランク"
モウセンゴケ科	イシモチソウ	C	カヤツリグサ科	オニスゲ	
	モウセンゴケ			ヒメミコシガヤ	A
ニシキギ科	ウメバチソウ			ヤチカワズスゲ	
ヒメハギ科	ヒナノカンザシ	C		マメスゲ	C
スミレ科	ヒメアギスミレ			シカクイ	
サクラソウ科	ヌマトラノオ			ミカヅキグサ	C
リンドウ科	リンドウ			イヌノハナヒゲ	
シソ科	ヒメシロネ			イトイヌノハナヒゲ	
タヌキモ科	ミミカキグサ			コイヌノハナヒゲ	
	ホザキノミミカキグサ			アブラガヤ	
	ヒメタヌキモ	C		ケシンジュガヤ	C
	ムラサキミミカキグサ	C		マネキシンジュガヤ	C
キク科	マアザミ		ラン科	キンラン	C
	サワヒヨドリ			シュンラン	
	スイラン			カキラン	C
オモダカ科	アギナシ	C		ツチアケビ	
クサスギカズラ科	ミズギボウシ			ミヤマウズラ	
ユリ科	ササユリ			サギソウ	B
アヤメ科	ノハナショウブ	C		ミズトンボ	C
ヒナノシャクジョウ科	ヒナノシャクジョウ	B		オオバノトンボソウ	
イグサ科	イ			コバノトンボソウ	C
ホシクサ科	シロイヌノヒゲ			トキソウ	C
イネ科	チゴザサ		ミズゴケ科	オオミズゴケ	C
	ヌマガヤ				
	アリマコスズ				

種数には対応関係が認められ、特に丸山湿原群のなかの第一湿原は他湿原に比較して面積も2231㎡と広く、種数も45種と多い。面積と種数には正の相関関係があり、面積が広いと多くの種の定着が可能であることが示されている。第一湿原には兵庫県産の湿原生植物の総種数54種の83%が生育しており、この点からも丸山湿原群の重要性が理解できる。

　表4-4には本湿原に生育する主な植物を示した。絶滅危惧種のヒメミコシガヤ（A）、ヒナノシャクジョウ（B）、サギソウ（B）（図

第4章 宝塚市北部地域に残る自然　85

図4-5　サギソウ

図4-6　ハッチョウトンボ

表4-5　丸山湿原群の稀少種
（福井2011より引用）

ランク	A	B	C	注
	ルリビタキ	カスミサンショウウオ	アオゲラ	ヒメアカネ
	アオジ	モリアオガエル	タゴガエル	アカハライモリ
	ヒメタイコウチ	ナガレホトケドジョウ	ニホンアカガエル	
		サラサヤンマ	ヤマアカガエル	
		ムカシヤンマ	シュレーゲルアオガエル	
		ハネビロエゾトンボ	カジカガエル	
		ハッチョウトンボ		
		カツラネクイハムシ		

4-5）、カキラン（C）、トキソウ（C）、ミズトンボ（C）などの絶滅危惧種19種が生育しており、本湿原は絶滅危惧種の保全の場としても重要である。

　表4-5には本湿原に生息する絶滅危惧の動物種を示した。ヒメタイコウチ、ハッチョウトンボ（図4-6)、カスミサンショウウオ、モリアオガエルなど19種の絶滅危惧動物が確認されており、植物だけでなく、動物にとっても稀少種保全の場として本湿原の重要性が示されている。

86 第1部 宝塚の歴史・文化・自然

　湿原（0.4ha）を中心とした立地の生物相調査は今まで述べてきた
ように詳細に行われている。しかし、天然記念物として指定された地
域は71.3haと広大であり、全体の調査はまだ行われていない。今後
里山林やバッドランドの詳細な生物相調査を進めて、湿原生物群と里
山林・バッドランド生物群との比較検討が必要であろう。

（4）植物群落

　丸山湿原群に成立している群落は、イヌノハナヒゲ群集、ヌマガヤ
群落、イヌツゲ群落の3群落に区分される（福井、2011・福井ほか、
2011、2013）。

　イヌノハナヒゲ群集は浅い水面が点在し、裸地が見える平坦な湿潤
地に成立し、イトイヌノハナヒゲ、コイヌノハナヒゲ、イヌノハナヒ
ゲ、トキソウ、サギソウ、ミカヅキグサ、ムラサキミミカキグサ、ミ
ミカキグサ、ホザキノミミカキグサ、モウセンゴケなどの草丈の低い
湿地生植物より構成される低茎草本群落である。

　ヌマガヤ群落はイヌノハナヒゲ群集と同じような湿潤な土壌条件下
に成立するが、地表部は裸地がなく、構成種のヌマガヤなどに被われ
ている。本群落には優占種のヌマガヤのほかカキラン、ミズギボウシ、
サワヒヨドリ、サワギキョウなどの草丈の高い湿地生植物が生育して
いる。

　前述した2群落の周辺部の微高地にはイヌツゲ群落が分布してい
る。イヌツゲ群落はイソノキ、イヌツゲ、ウメモドキなどの低木類の
下層にオオミズゴケ、アリマコスズ、ハナゴケ類などを含む低木群落
である。立地は前述した2群落と同様湿潤ではあるが、降水量の少な
い夏季には乾燥しやすい立地である。オオミズゴケ、ハナゴケは雨水
に依っている割合が高く、本群落の立地は高層湿原的な環境に近いと
もいえる。本群落構成種のアリマコスズはササ属の1種で、その分布
は神戸市北区、三田市、宝塚市北部の湿原周辺部の湿った立地に限ら

れる。周辺にごく普通に生育しているネザサ（ネザサ属）とは立地条件が異なっている。アリマコスズは湿原生植物とはいえないが、北摂地域固有の湿原周辺の湿性な土壌条件を指標する稀少種、重要種であり、湿原生植物と同様に保全する必要がある。

（5）植生管理

　滲水湿原の植生は年月の経過とともに裸地より低茎草本植物群落であるイトイヌノハナヒゲ群集、高茎草本群落であるヌマガヤ群落、低木群落であるイヌツゲ群落を経て、ハンノキ、サクラバハンノキの優占する高木群落に遷移する（ハンノキ—サクラバハンノキ群落は宝塚市西谷の森公園で見ることができる）。自然状態であれば、豪雨による斜面部の崩壊によって新しい湿原の誕生や豪雨による湿原への多量の土砂供給によって湿原の再生が進み、さまざまな遷移段階の湿原が全体として維持される。しかし、現在新たな湿原が誕生するような立地もなく、またはげ山の減少によって湿原の再生も難しい状況にある。このような状況下で湿原を維持するためにはイヌツゲ群落、ヌマガヤ群落の一部を刈り取り、遷移段階初期の裸地あるいはイトイヌノハナヒゲ群落に戻す必要がある。湿原をいくつかに区切り、毎年1区画ずつ刈り取り、全体として湿原の群落の多様性を維持する方法が考えられる。

　湿原構成種のなかには個体数も少なく、観察路からまったく見ることのできない植物も存在する。子供たちや市民の学習の場としては多様な植物を十分に観察させることが重要であり、そのためには観察路横の湿原の一部に湿原の植物を植栽して見本園を形成する方法を検討すべきであろう。本湿原は原生林と異なり、人の管理下にないと持続しない。刈り取り、観察路の整備、水路の調整などの延長上には稀少種の補植もあり得る。ただし、植栽する植物は丸山湿原群産植物の種子より増殖した個体に限られることは言うまでもない。

湿原周辺部については湿原に影を落とす位置にある樹木のすべてを除伐する必要がある。除伐後も切り株からの萌芽によって再生するので、数年ごとに除伐しなければならない。全地域を同時に除伐することはたいへんなので、区域ごとに輪伐することが望まれる。湿原から少し離れた位置にある高木も水資源の確保という点からは除伐が望ましい。少なくとも照葉樹林に遷移させないように、照葉樹の除伐は継続的におこなうべきである。コバノミツバツツジなどの夏緑低木のみを残して夏緑低木林として湿原周辺を維持するのも1つの方法である。

湿原周辺のはげ山については、樹木伐採を進め、裸地状態の再生をおこなって、湿原へのシルト供給が可能なように管理する。湿原とはげ山の一体化を目標に、湿原とはげ山をつなぐように中間域にある樹木の除伐も望まれる。

湿原の浸食、開柝が進んできた場合は開柝部をシルトで埋め戻すなどの作業も必要となろう。

［参考文献］

足立　勲（2001）『丸山湿原群』兵庫の自然2-5、兵庫県生物学会。

服部　保（2004）「土地利用や地形・地質条件に対応する植物群落」武庫川上流域の人と自然14-24、兵庫県立人と自然の博物館。

服部　保（2011）『環境と植生30講』朝倉書店。

服部　保（2014）「照葉樹林」神戸群落生態研究会。

服部　保（2016）「宝塚市の天然記念物　特に丸山湿原群について」市史研究紀要たからづか、28：1-23頁。

服部　保・足立　勲・南山典子・ほか（2000）「市指定天然記念物松尾湿原保全調査報告書」松尾湿原保全調査委員会。

服部　保・江間　薫（1999）「宝塚市天然記念物小浜のクロガネモチの年輪」宝塚市史研究紀要「たからづか」16：93-98頁。

服部　保・南山典子・石田弘明・橋本佳延・小舘誓治・鈴木　武（2006）「武庫

川流域に残る二つの湿原」『武庫川散歩　人と自然特別号 2』兵庫県立
人と自然の博物館、53-60 頁。

福井　聡（2011）「湧水湿地の保全と植生管理」神戸大学大学院人間発達環境学
研究科、博士論文。

福井　聡・石田弘明・矢倉資喜・武田義明（2013）「湧水湿地におけるヌマガヤ
群落刈取り後の種組成および種多様性の変化」『ランドスケープ研究』
76（5）、日本造園学会、457-460 頁。

福井　聡・武田義明・赤松弘治・浅見佳世・田村和也・服部　保・栃本大介（2011）
「兵庫県丸山湿原における湧水湿地の保全を目的とした植生管理による
湿原面積と種多様性の変化」『ランドスケープ研究』74（5）、日本造園
学会、487-490 頁。

福井　聡・栃本大介・吉田久視子・武田義明（2012）「湧水湿地における周辺樹
木の生長による湿原面積の縮小と種多様性の変化」『ランドスケープ研
究』75（5）、日本造園学会、457-460 頁。

兵庫県環境管理課（1995）『兵庫県の貴重な自然　兵庫県版レッドデータブック』
財団法人ひょうご環境創造協会。

兵庫県自然環境課（2010）『兵庫の貴重な自然　兵庫県版レッドデータブック
2010』（植物・植物群落）、財団法人ひょうご環境創造協会。

兵庫県阪神北県民局（2014a）「丸山湿原　未来につなげる大切な自然環境」兵庫
県阪神北県民局・公益財団法人ひょうご環境創造協会。

兵庫県阪神北県民局（2014b）「丸山湿原群　宝塚市天然記念物指定」兵庫県阪神
北県民局里山・自然課。

矢野悟道・竹中則夫（1980）『植物編　宝塚市史第七巻』宝塚市、395-493 頁。

Column 01　宝塚市花のすみれ

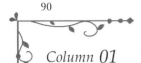

市花

　国、都道府県、市町村では国や各自治体の象徴となるような花、樹木、昆虫、鳥などを選定し、国花、県花、市花、国蝶、国鳥などとして制定されることが多い。宝塚市では 1968 年に市花を決めるために市緑化推進委員会が市花候補種 10 種を選定した。それらの候補種を市民にアンケートにかけた結果、5620 通の回答が得られ、そのうちスミレが 1977 通ともっとも多かった。同委員会はアンケート結果をもとに、スミレの花言葉は「愛と忠実」であり、またスミレは宝塚歌劇にもゆかりが深いということで、市花をスミレに決定した（宝塚市、1968）。しかし、スミレの種類については明示されなかったために 1970 年代にはサンシキスミレ（パンジー）が市花スミレとして広報誌に載せられていたこともあったという（足立勲氏談）。

スミレ

　スミレという名称はスミレ科（Violaceae）、スミレ属（Viola）に位置付けられているたくさんのスミレ類の総称として用いられる場合と 1 種類のスミレの名称（「スミレ」、Viola mandshurica）として用いられる場合の 2 通りで使用されている。スミレを総称として考えると、スミレには「スミレ」（V. mandshurica）のほかにアリアケスミレ（V. betonicifolia var. albescens）、コスミレ（V. japonica）、ヒメスミレ（V. confusa subsp. nagasakiensis）、アオイスミレ（V. hondoensis）、シハイスミレ（V. violacea）、タチツボスミレ（V. grypoceras）、ニオイタチツボスミレ（V. obtusa）、ナガバタチツボスミレ（V. ovato-oblonga）、フモトスミレ（V. sieboldii）、ツボスミレ（V. verecunda）、ニオイスミレ（V. odorata）など多くのスミレ類が含まれる。なお、サンシキスミレ（パンジー、Pansy）はスミレ属には含まれるが、ほかのスミレ（スミレ節）とは少し異なるので、スミレ節のビオラ（Viola）とパンジー節のパンジー（Pansy）は区分されている。

市花スミレは何スミレか

　足立（2005）は市花のスミレを総称のスミレではなく、「スミレ」（*V. mandshurica*）であるとした上で、「スミレ」が選定された理由として「スミレ」は市内全域で普通に見ることができ、市民に身近なこと、非常に可憐な花を咲かせること、逞しい草本であることをあげている。スミレが選定されたのは上述したようにアンケート結果に基づいているが、そのアンケート結果をもたらしたのは宝塚歌劇を代表する歌、『すみれの花咲く頃』にあることは間違いではないであろう。足立（2005）の（スミレは「スミレ」）説も『すみれの花咲く頃』を前提として、そのすみれとはどのようなスミレなのかということを示したものである。

　『すみれの花咲く頃』のすみれが市花のスミレのモデルであるとすると、市花のスミレを明らかにするためには『すみれの花咲く頃』の歌詞を十分に吟味する必要がある。

すみれの花咲く頃

　『すみれの花咲く頃』の原曲は1928年にオーストリア人F. デーレの作曲、F. ロッターの作詞による「リラの花咲く頃（正確には白いリラの再び咲く頃）（Wenn der weiße Flieder wieder blüht）で、後に『白いリラの花が咲くと』というドイツ映画の主題歌にもなっている。この曲はフランスのレビューでも歌われ、たいへん流行していたようである。当時パリに滞在していた宝塚歌劇団演出家の白井鐵造もこの歌を高く評価した。1930年白井はパリ帰朝第1作、月組のパリを舞台にしたレビュー『パリゼット』（出演、天津乙女、門田芦子ほか）のなかで、この曲を『すみれの花咲く頃』として紹介した。[第5章5節(2)参照]

　リラとはフランス名リラ（*lilas*）、ドイツ名フリーダー（*Flider*）、英名ライラック（*lilac*）、和名ムラサキハシドイ、学名 *Syringa vulgaris* と呼ばれるモクセイ科ハシドイ属の夏緑低木で、春に芳香のある紫色の花を多数つける。園芸品種として白、赤、青などの花や八重咲きのものがある。F. ロッターの詞では白花のリラがテーマとなっている。F. ロッターの詞は、白いリラの花薫る春、光あふれ皆に愛される春に、2人の恋人が愛し合う状況を表現しているように思われる。一方、白井の詞はすみれの花咲く春、人の心も甘く薫る春を背景に青春の恋の悩みが表現されている。両詞はリラとすみれだけではなく、表現されている内容も少し異なっている。白井が白いリラを紫のすみれに変えた理由は今となってはよくわか

らないが、レビュー『パリゼット』のなかにすみれの花売りも設定していること、日本人には馴染みの薄いリラよりも山上憶良の「春の野に　すみれ摘みにし　来し我ぞ　野をなつかしみ　一夜寝にける」とあるように万葉集以来すみれは日本人によく知られ、愛されていること、白色よりも紫色の方が舞台に映えることなどであろう。

　リラとすみれの花では形も色も大きく異なるが、F. ロッターの詞全体に漂う花の薫りについては白井も大事にしていたようで、歌詞の 2 番に「花におい咲き　人の心甘く薫り」と記されている。「花におい咲き……」の花は当然「すみれの花」であるので、「すみれの花」はリラの花に負けないような芳香を有していることになる。つまり、すみれとは芳香のある花をつけるスミレの 1 種と考えられる。

　前述したスミレ類のなかで「スミレ」（V. mandshurica）は香りがなく、したがって「スミレ」は少なくとも『すみれの花咲く頃』のすみれには該当しない。橋本（2005）はすみれを西洋種のパンジー（サンシキスミレ）ではなく、日本種のスミレとしているが、パンジーはもちろんのことスミレでもないことは今まで述べたとおりである。自生するスミレ類のなかで、エイザンスミレやニオイタチツボスミレなどは少し香りのある花をつけるが、リラには遠く及ばない。リラに勝るとも劣らない香りをもつスミレはニオイスミレ（V. odorata）である。

　ニオイスミレはヨーロッパ等の原産で、芳香をもつことから切り花・花壇・香料用に古くから栽培され、アドミラル・アーベン、カリフォルニア、ドルセット、ラ・フランス、プリンセス・オブ・ウェールズなどのさまざまな品種が作られており、単にバイオレットというと本種をさす場合が多い。ラ・フランスという有名な品種があるようにフランスでは特に栽培が盛んで、白井もパリ滞在中にすみれの売買の光景を見ていたはずであり、その結果、レビュー『パリゼット』のなかでパリのすみれ売りの一幕を挿入したと考えられる。『すみれの花咲く頃』のすみれとすみれ売りのすみれは当然同一種なので、この点からもすみれはニオイスミレであることは明らかであろう。

　宝塚市の市花スミレが『すみれの花咲く頃』に基づくのであれば、すみれは間違いなくニオイスミレと認められる。

今後の市花のスミレ

　市花スミレの今後の対応については 3 通りの考え方がある。第 1 は、足立（2005）に基づき、市花スミレは「スミレ」（V. mandshurica）とするものである。

この場合は市花スミレはスミレ（*V. mandshurica*）であることを明示する必要がある。ただし、スミレは「スミレ」とする説は宝塚歌劇のすみれとは相容れない。

第2は市花スミレは総称のスミレ（スミレ類）であって、「スミレ」からニオイスミレまで多くの種を含むとするものである。たくさんのサクラがサクラ1語でまとめられるように、歌劇のすみれがニオイスミレであってもニオイスミレも総称のスミレに含まれる。第2の場合は市花スミレのスミレはスミレ類全体の総称であることを示すべきであろう。

第3は今回の結論である市花スミレはニオイスミレとするものである。歌劇のすみれが市花スミレのモデルである以上、ニオイスミレを市花スミレとすることに無理がない。市花スミレを「スミレ」よりニオイスミレとする方が妥当な理由の第一はニオイスミレの園芸種としての多様性と芳香である。「スミレ」は開花期も短く、花色も変化に乏しい上に花に芳香がない。それに対してニオイスミレは開花期も長く、花色や花の形は多様性に富んでおり、展示、花壇、切り花、室内の鉢植えにも向いている。ニオイスミレ1鉢を室内に置くと室内全体が香りに包まれる。「スミレ」が花の視覚に留まるのに比べ、ニオイスミレは花の視覚から芳香の嗅覚、味覚、次に葉の触覚、さらに『すみれの花咲く頃』の歌の聴覚にまで及ぶ。ニオイスミレで人の五感に働きかけて、市民にはふるさと宝塚を、市外の人には宝塚市のすばらしさを意識づけることができる最高の市花となろう。

宝塚市は木接太夫に象徴されているように園芸のふるさととしても知られている。ニオイスミレを市花としてだけではなく、宝塚市の園芸のシンボル種としても生産し、宝塚市の花として販売も可能であろう。　　　　　　　　（服部　保）

参考文献
足立勲（2005）「シンボルになった生物（木・鳥・花）」『宝塚市大事典』宝塚市、8-11頁。
宝塚市（1968）「市花にスミレ、市木はサザンカ」『広報たからづか』1968年4月5日号。
橋本雅夫（2005）「宝塚歌劇」『宝塚市大事典』宝塚市、350-369頁。

※このコラムは2014年7月28日に庭樹園にて行われたすみれ研究会の内容に沿ったものである。（出席者：服部保、永田雄次郎、定藤繁樹、阪上栄樹、阪上和子、阪上由紀）

第2部

宝塚歌劇

第5章

宝塚歌劇100年の軌跡

瀬 川 直 子
（エディター・ライター）

はじめに

　宝塚歌劇は、いまを生きるパフォーミングアーツである。それは、時代の流れ、観客の嗜好、最新技術を巧みに取り入れながら変容を続けているということである。時代の空気を呼吸し続けたからこそ、100年を超える歴史を刻み、新たな観客層を獲得しながら独自の舞台芸術を発信し続けているのである。

　一口に宝塚歌劇といっても、単純に舞台芸術のみに収まらない複合要素が含まれており、それらがさまざまに作用しあって現在の姿がある。

　「宝塚歌劇」は、舞台芸術、ソフト部分を意味する。一昔前までであれば、映画でもテレビでも見たことがない世界がそこにあった。女優論のみならず阪神間文化の担い手としての位置づけもある。アニメなどに代表されるクールジャパンの1つの要素としてのアプローチが十分可能である。

　「宝塚歌劇団」であれば、組織論、人材育成システムなどのキーワードが浮かび上がってくる。女性の社会進出やファン心理、ジェンダー論で斬る手法もある。

　「宝塚音楽学校」となると、舞台人教育だけでなく女子教育の視点も欠かせない。

98　第2部　宝塚歌劇

　「歌劇事業部」は、興行を担っていることからビジネスの切り口となる。マーケティングや広報戦略、コンテンツビジネス。さらに海外公演に目をやれば、国際交流や文化政策も見えてくる。

　「宝塚大劇場」は、まちのランドマークであり、まちづくりのポイントととらえることも可能である。

　「小林一三（1873-1957）」は、日本を代表する経営者として、私鉄ビジネスモデルの開拓者として、没後60年を過ぎたいまなお、さまざまな評論が執筆されている。

　このような多面性を持つ宝塚歌劇の本質は、礎がすでに草創期に築かれていた。すなわち、洋楽を使った新しい時代の国民劇を目指した新作主義であること。そして教育養成機関を有し、出演者やスタッフだけでなく自前の劇場を持ち、制作体制を確立していること。それに加えて一流スタッフを招聘して作品や出演者を進化させ続けることである。

　官の主導で開場した帝国劇場に対して民間発信の宝塚大劇場は、西洋文化の紹介の場となり、それが知的好奇心を刺激して阪神間文化発展の土壌を育てた。情操面でも女子教育に与えた影響は大きい。また、舞台芸術の技法を発展させ舞台人を育成した。

　本章では102年目を迎えた2016年の現状を踏まえながら、まず、宝塚歌劇の礎が築かれた時代に焦点を当てる。川上音二郎（1864-1911）や小林一三が試みた演劇改良、続いて白井鐵造、高木史郎が花開かせたレビュー時代を見ていく。そして宝塚歌劇の現況を概略で論じ、本質へのアプローチ点を提示する。

1　宝塚歌劇のエッセンス

　宝塚歌劇は2014年4月に創立100周年を迎えた。この前年は、専用の養成機関である宝塚音楽学校設立100周年で、2013年から各種

第 5 章　宝塚歌劇 100 年の軌跡　99

媒体でさまざまな角度から特集が組まれ、2014 年にかけておびただ
しい量のメディア露出となった。

　母体である阪急電鉄株式会社も総力を挙げて広報宣伝戦略を展開。
首都圏の山手線で期間限定ラッピングカーを走らせた。西宮北口から
本拠地宝塚へ向かう今津線では、約 1 年にわたって男役と娘役のデュ
エットポーズや大階段など宝塚歌劇をイメージしたラッピングカーが
登場し、その全車両内で 100 年の各時代のトピックを紹介していた。

　もともと、関西圏では阪急電車や駅構内に公演ポスターが掲示され
ているので、無意識のうちに宝塚歌劇の存在が刷り込まれる。それが
100 周年前後からは、JR の駅などでも目にするようになり、阪急沿
線の各駅で四六時中舞台映像が流れるようになった。

　宝塚歌劇は、100 年企業が創りだした日本固有のパフォーミング
アーツである。その基本エッセンスは、「女性だけで演じる新しい国
民劇」である。わずか 16 名の出演者で幕を開けてから 102 年、いま
や年間観客動員数が 200 万人を超える一大エンターテイメントに成長
した。花・月・雪・星・宙の 5 組と専科を合わせて 400 名余りの劇団
員を有し、年間 40 を超える公演を自前の劇場のある宝塚、東京以外
の全国各地でも展開している。劇団員だけでなく演出家、衣装・装置
デザイナー、製作スタッフ、作曲家、振付家、指揮者、オーケストラ[1]
がすべて自前で揃っている。

　100 年を超える歩みで規模が拡大し、コンテンツも磨き抜かれたも
のへと発展したが、その根底に流れるものは、創設者の小林一三が掲
げた「清く正しく美しく」であり、家族で楽しめる劇であることに変
わりはない。

2　宝塚歌劇を生んだ小林一三のバックボーン

　小林一三は、大学生時代に寮誌の主筆を務め、新聞にも小説を連載

100　第2部　宝塚歌劇

していた。青年期に観劇を重ねて劇通となる。川上音二郎の壮士芝居
と出会ったこのころのことを小林は下記のように記している。

　　此頃麻布十番に外塾から赤羽橋の工場裏を通り抜けると、芝居
　の幟が景気良く風に翻っている。森本座、開成座、寿座、三座が
　櫓を並べて年中休みなしの芝居町があった。女優市川久女八一座、
　坂東勝之助一座、それから奇術、手品、壮士芝居なぞ珍しい興行
　物がかかる。川上音二郎のオッペケペーの東京乗込も三座のどこ
　かであった。私は毎月毎月この芝居を見ることによって劇通にな
　り、そして木挽町に歌舞伎座が新設されてから初めて本筋の芝居
　を見るに至ったのである。[2]

　当時は納入する税金高で「劇場」（大芝居）と「道化踊場」（小芝居）
という芝居小屋の格式の違いがあった。その境界はかなり厳格で、一
度小芝居に出ると大芝居には戻れないという慣習があった。音二郎が
1890年に初めて東京で演じた開成座が、引幕、回り舞台、花道など
が設置禁止の道化踊場であったために「音二郎の功績が演劇史から無
視された[3]」のである。しかし、音二郎は書生芝居によって再度挑戦、
1891年に江戸三座の1つ、由緒ある歌舞伎の中村座で公演し、本格
的に東京へ進出する。「書生芝居の新しさに人々の関心を向け、歌舞
伎とは段違いの現代性と通俗性を人々が好んでいることを実証した年
となった[4]」。

　1886年ヨーロッパから帰国した伊藤博文の娘婿の末松謙澄が、演
劇改良に力を入れ始める。1889年福地桜痴が改良劇場・歌舞伎座を
建てて新しい脚本を書き下ろし始めた。

　このような演劇界の時代の流れを小林一三は肌で感じ取っていた。
それが後に宝塚歌劇を導いていく下地となった。

　演劇改良に果敢に挑んだ音二郎の理念は、大きく分けると7つのポ

イントがある。

1 演劇と現代との融合
2 欧米人に日本文化を意識させる
3 翻案劇上演で日本の演劇に新しい知を注入
4 劇場経営の近代化を進める
5 自前の劇場を建設し、抱負を実現する
6 児童演劇の公演をおこない、情操教育を実践
7 俳優養成所を設立、新時代にふさわしい俳優の育成

これは、小林一三が宝塚歌劇で試みたことに見事に符合する。

1892年には皇族、華族も観劇に訪れるほど音二郎の社会的地位は上がり、1893年にはヨーロッパ演劇界の実情を見聞する機会に恵まれる。この視察であまりにも日本とは違う劇場の形式に気づき、「演劇の改良は劇場の構造から直さねばならない」と1896年神田三崎町に川上座を建設した。しかし、劇場経営近代化の鍵とした茶屋制度を完全に廃止することはできなかった。開場からわずか2年後、経営難のため最初の劇場を手放さざるを得なくなった。

音二郎一座は1899年から2年弱アメリカ、ロンドン、パリで公演し、舞台女優デビューした川上貞奴が社交界の花形となって帰国する。興行師に騙される失敗も多かったこの演劇旅行を、宝塚歌劇が1982年宝塚グランド・ロマン『夜明けの序曲』（植田紳爾作・演出）として舞台化。文化庁芸術祭賞大賞を受賞している。

1901年から再びヨーロッパを巡演し、帰国後は正劇運動を始める。1903年に翻案の「オセロ」を本邦初演。川上貞奴が鞆音（デスデモーナ）を演じて日本の劇界にデビューした。

並行して子供たちの情操教育を重視していた久留島武彦、巌谷小波らとともに本郷座で初めてのお伽芝居（児童劇）を上演している。

その頃、大倉喜八郎や渋沢栄一などが動いて、丸の内に帝国劇場を建設する計画が進んでいた。一方で大阪にも新劇場構想が持ち上がり、

102　第2部　宝塚歌劇

北浜銀行頭取であった岩下清周（いわしたちかおき）が指揮を執り、興行面を音二郎に一切任せる構図で進み始めた。そのため音二郎は4度目のパリで精力的に劇場視察をおこなった。ところが帰国してみると岩下の撤退で資金が大幅に不足。音二郎が主体になる計画に変更となり、プロセニアムアーチ、回り舞台、花道、オーケストラボックスも備えた1000名収容の帝国座が完成したのは1910年であった。

　大笹吉雄は音二郎の活動を次のように評している。

　　プロセニアムアーチの設置は、数度の洋行経験から得た演劇は社会の写真鏡であり、額縁は鏡の枠だという主張の実践にほかならなかった。［中略］器としての劇場と、そこに盛られる形式を踏まえて、構造的に演劇の在り方を探る姿勢は、ほかの演劇人のおもいもおよばぬところだった。いいかえれば、歌舞伎の劇場になずむあまり、繚乱と花開いていた女形の芸をはじめ、新派は歌舞伎と類似の演劇となっていたが、帝国座を建てた川上は、そのことによって、新派とは別の演劇のかたちを探求していたといっていい。こういうことばこそ使わなかったものの、川上の考えとその実践は、原理的に新劇を意味していたのである[5]。

　新時代の演劇を確立するために戦い続けた演劇人、音二郎は1911年11月11日死去する。自ら舞台に立ち、ときに興行師として劇界をなかから改良し続けたその志は半ばであった。1911年5月に宝塚新温泉の営業を開始し、1914年の宝塚少女歌劇公演で音二郎の退場と入れ替わるように興行の世界に登場する小林一三は、音二郎の考えを理解し、企業家としての嗅覚と才覚でより大きなスケールでその志を実現していったといえる[6]。

　川上音二郎も小林一三も既成の歌舞伎を改良すべき、というところからスタートした。芝居を大衆のものとするために、花柳界と結びつ

いた興行の在り方を変革しようとしたのもまた同じである。音二郎が造った帝国座で宝塚歌劇の公演をおこなったことは、後に小林一三が大劇場論を唱える大きなヒントになったのではないだろうか。

　小林一三は紆余曲折を経て三井銀行に入社し、大阪支店時代に茶道や花柳界に慣れ親しんだ。そして、1907年に箕面有馬電気軌道専務となり、次々と新戦略を打ち出して企業家として大成していく。

　宝塚歌劇が誕生する前後で次のような動きがあった（表5-1）。

表5-1　宝塚歌劇誕生前後の出来事

1904年	坪内逍遥　舞踊論「新楽劇論」発表
	坪内逍遥・小山内薫らの日本舞踊家改革運動
1909年	三越少年音楽隊結成　（大阪三越にも1912年設立）
1910年	帝国座完成（日本初の西洋式舞台と椅子席　大阪　北浜）
1911年	帝国劇場完成（東京で初の西洋式）帝劇女優初公演 帝劇歌劇部設立
	いとう屋（松坂屋）少年音楽隊結成　（のちの東フィル）
1912年	白木屋演芸場で少女音楽隊が『浮かれ達磨』を上演
1913年	お伽歌劇『ドンブラコ』をレコード発売
	松竹が歌舞伎の経営権を獲得
	島村抱月・松井須磨子　芸術座結成
	宝塚唱歌隊結成
1914年	宝塚少女歌劇団第一回公演
1916年	帝国劇場歌劇部解散
1917年	佐々紅華　浅草で東京歌劇座立ち上げ
	日本初のミュージカルと称する『カフェーの夜』上演
1918年	『歌劇』創刊
1919年	宝塚音楽歌劇学校設立
1923年	関東大震災で帝国劇場焼失

　演劇の改良は明治文化人の潮流であった。西洋でのクラシック、オペラの地位の高さを目の当たりにした知識人が、外国人を招聘して和製オペラを作り上げようとする。それが帝国劇場の歌劇部の動きで

あった。

　興行側から冷静に見ると、西洋の話はまだまだ観客の受容土壌を超えている。理屈が難しいものは、人集めの見世物には適さないという判断へと結びつく。そして1912年帝劇オペラ『熊野』を見たことで小林一三は洋楽に活路を見出す。1879年に西洋音楽を小学校の教材として使うことが始まっており、幅広い世代に洋楽の素地が確実に作られているという感触もつかんだ。

　平安期の白拍子は、歌手兼ダンサー兼巫女であった。阿国歌舞伎以降、女性が演じることは江戸時代に禁止されていた。それを明治政府が1872年に解禁し、さらに1891年には男女の演者が同じ舞台に立つことも許可した。新派では千歳米坡を近代日本の女優第一号としている。一方で川上音二郎と結婚し、1899年のアメリカ興行で演じた川上貞奴は日本初の女優である。千歳米坡と川上貞奴は芸者からの転身であったが、それ以外の動きも出てきた。1908年に川上貞奴は後進を育成する帝国女優養成所を開設した。それが1909年に帝国劇場専属となり、そこから帝劇女優1期生が誕生する。さらに、島村抱月とともに芸術座を立ち上げた松井須磨子は、1914年の『復活』の劇中で歌った『カチューシャの唄』のレコードが2万枚以上売れ、日本初の歌う女優となった。

　いまや、日本の舞台女優を多く輩出するようになった宝塚歌劇の前に、このようにして女性が舞台に立つ道を開く流れがあったのである。

　演劇界の流れで補足すると、1924年に誕生した築地小劇場の影響を受けて、関西の新劇界でも新たな劇団が結成された。

　　関西の新劇が築地を受容する中で、東京との違いから自分たちの自意識を強くするようになったのではないか。つまり築地が実験的・研究養成的で、結果的に民衆から遊離した一部の階級のものになったとすれば、関西ではそれを踏まえて、演劇の大衆化と

第 5 章　宝塚歌劇 100 年の軌跡　105

民衆劇の実現に重点が置かれたと考えるべきである。[7]

　この流れを受けて小林一三は 1926 年に宝塚国民座を設立し、国民劇の創設を目指すと明言した。「新しい演劇」を生活の必需品とすることを狙ったのである。坪内志行によると、築地小劇場が特殊専門学校、宝塚少女歌劇が小学校とすれば、国民座は中等学校程度の劇場ということになる。[8] さらに 1950 年に宝塚新芸座を作り、女性だけの宝塚歌劇とは違う男性も加わった演劇を模索し続けた。

　宝塚国民座も含めて関西のさまざまな試みが失敗に終わったなかで、ユニークな活動を続けたのが関西学院劇研究会であった。[9]

　本章ではこのあたりの動きについての詳細は省くが、関西学院劇研究会が多くの宝塚歌劇の演出家を輩出していることは興味深い。

　大スペクタクルのレビュー、童話レビュー、現代ミュージカルなどにチャレンジしてさまざまな基盤を築いた高木史郎。日本郷土芸能研究会で日本の民俗芸能・民族舞踊を調査研究し、宝塚で舞台化した渡辺武雄。在学中に歌劇団の脚本募集で入選し、のちにアメリカ留学でデザインを学び、初演の『ベルサイユのばら』で衣装を手掛けた小西松茂。そして 1960 年以降に入団した関西学院出身最後の演出家である太田哲則は、文芸作品をベースとしたミュージカルを多く発信した。劇研究会出身者以外にも、1970 年の日本万国博覧会の開会式を演出した内海重典は関西学院中等部出身である。柴田侑宏は、山本周五郎を脚色し、万葉時代三部作やスペイン物など、印象深い作品を多く作った。大レビュー時代を作り上げた白井鐵造の愛弟子である横澤秀雄は、意欲的なショーを展開した。洗練されたショーを数多く残した小原弘稔は、宝塚歌劇 70 周年の 1984 年『ザ・レビューⅡ』の主題歌で「Forever TAKARAZUKA」[10] と歌い上げた。在学中から関西学院交響楽団で活躍していた指揮者の野村陽児も関西学院大学出身である。

　男子学生の多くが宝塚ファンという時代があった。宝塚大劇場まで

106　第 2 部　宝塚歌劇

30 分余りの距離にあるキャンパスで醸成された気質が、宝塚歌劇に少なからぬ影響を及ぼした時代があったのである。

3　宝塚歌劇の源流

　箕面有馬電気軌道（のちの阪急電鉄株式会社）は 1910 年に営業を開始した。終点の町、宝塚の武庫川左岸に 1911 年宝塚新温泉が開業。この年の余興は大阪南地芸者の芦部踊りであった。大理石の浴槽や有名飲食店があり、1 日 1200 人の来客があった。1912 年に最新式のプールを設置した洋館のパラダイスが開館したが、プール事業が失敗したため 1914 年にそのプールを改造してパラダイス劇場が誕生した。宝塚歌劇の初公演は、婚礼博覧会の余興としてこの劇場で行われた。これが宝塚歌劇の始まりである。

　初公演を行うにあたって小林一三は、東京音楽学校の安藤弘・智恵子夫妻を音楽教師として招いた。9 カ月で舞台に立つレベルにまで生徒を教育し、作品は既製作に頼った。12 歳から 17 歳の 16 名が演じた初公演は 3 本立てだった。『ドンブラコ』は 1912 年歌舞伎座初演作品（北村季晴作の歌劇）、『浮かれ達磨』は 1912 年白木屋少女音楽隊上演作品（本居長世作の喜歌劇）で、『胡蝶』は 1911 年帝国劇場上演のバレエをアレンジしたものだった。秋季公演ではスタッフがボイコットするピンチに、小林一三は初めて歌劇『紅葉狩り』を書いて上演した。その後、若き日の創作の夢を実現するかのように書き続け、1918 年までの上演作品 64 本のうち 22 本の脚本は小林の作品であった。大笹吉雄は「初期の宝塚少女歌劇は小林が慣れ親しんだ花柳界の遊びのにおいをやや秘めていたのが特徴だ」としている。

　創立後の動きは急展開で、大毎慈善団基金募集のために 1914 年 12 月 11 日から 3 日間、北浜の帝国座で、15 日は神戸の聚楽館で大毎慈善歌劇会をおこなった。以降 1922 年まで年末行事としておこなった

この興行が宝塚を広く世間に認知させる機会となった。

　宝塚新温泉パラダイス劇場で第 1 回公演をおこなった 1914 年は 169 回公演で 19 万人を動員。1918 年には 201 回公演で 43 万人を動員するまでに成長した。上昇気流に乗った宝塚歌劇は 1918 年 5 月に東京へ進出した。この帝劇公演を観劇した小山内薫は「少女歌劇［中略］かういうものから本当の日本歌劇が生まれて来るのではないかと思います[12]」と評した。

　イージーゴーイングでスタートした少女歌劇が思いのほか好評であったことから、劇団経営に本腰を入れ始め、演劇改良や大劇場論について小林一三の発言が増えていく。

　　　国民大衆のために、家庭本位に、娯楽として見せる芝居は観覧
　　料をできるだけ安くする必要がある。できるだけ安くするにはた
　　くさんの観客を収容する大劇場でなければ駄目である。[13]

　小林一三のスタイルは、大衆本位であった。素人は大衆の立場で、大衆が望むものを把握できると考え、素人を積極起用した。その独創的なやり方で事業本位になっていなかった芝居、宿屋、料理屋業界に挑戦し、それぞれで新機軸を打ち出して成功させた。

　小林一三は、単なる人集めの見せ物ではなく創作歌劇を理想とした。1954 年、初公演から 40 周年を迎えた 4 月 1 日の式典で「国民劇の創成」を提唱した。また、この年兵庫県川辺郡宝塚町と武庫郡 良元村が合併して宝塚市が誕生したことを受けて、小さな湯の町から世界のタカラヅカへの飛躍を目指すとした。

　1955 年アメリカ軍に撤収されアーニーパイル劇場となっていた東京宝塚劇場が返還され再開することになった。この再開に際して、小林一三は改めて劇団創立以来たどってきた路線の手ごたえと今後に対する決意を語った。少し長くなるが、100 周年にいたるまで貫かれた

108　第2部　宝塚歌劇

精神が示されているので引用する。

　『花詩集』と『虞美人』は、宝塚歌劇四十年史のなかでも、最大
の傑作であって、後世に永く語り伝えられるべき内容と形式を具
備しているのである。
　私は、かかるものを私の提唱する新国民劇の見本と呼びたいの
である。あるいはこれを宝塚歌舞伎という方が適当であるかもし
れない。美しい色彩と甘美な音楽によって表現され、歌あり、舞
あり、演技あり、伝統と創意が融合して、力強くたのしく進行し
ていく新時代の演劇、国民大衆に愛される演劇、これが私の提案
する宝塚歌舞伎劇である。『花詩集』は西洋ものであり、『虞美人』
は中国ものである。しかも宝塚歌劇は女性ばかりの劇団であるけ
れど、旧芝居に女形があるがごとく男役もまたここまでくれば芸
術的に大成し得るものと信じている。[中略]管弦楽即ち洋楽こそ、
将来の三味線音楽に代わるべき国民音楽であると信じて、学校組
織を持ち幼稚ではあるが少女ばかりで、まず唱歌隊を組織した。
かくてこの団体は、時代の要求に投じ、大衆に愛され、一歩一歩
成長し、普及し、発展して、宝塚少女歌劇となり、宝塚歌劇となっ
た。これをさらに宝塚歌舞伎に大成することは、恰も人の成長の
過程が、小学校、中学校、高等学校、大学校と進むがごとくであ
る。私はこれが時代劇であっても、旧芝居でも、現代劇でも、音
楽を基盤とし、歌あり、舞であり、演技であれば、新しい歌舞伎
であり、新しい国民劇であるといいたいのである。[14]

　宝塚歌舞伎という字面はあるが、歌舞伎を明確に旧芝居と表記して
いる。タカラジェンヌは、当初からスターであるなしにかかわらず、
出演者すべてが芝居でもショーでも演じ、歌い、踊る。つまり、歌舞
伎、オペラとは別物で、次の4つを柱とする新国民劇であると宣言し

たのである。

　　1　美しい色彩と甘美な音楽がある

　　2　歌あり、舞あり、演技ありである

　　3　伝統と創意が融合したものである

　　4　力強く楽しく進行する演劇である

　この柱は、100周年を越えたいまにいたるまで創作の原点として貫かれている。小林一三は、制作体制、劇場という器（ハード）、作品（ソフト）の指針を与え続け、草創期の尖った挑戦が続いた。

4　レビュー時代の幕開け

　1927年、欧米から帰国した岸田辰彌が発表した『吾が巴里よ（モン・パリ）』が、日本で初めてのレビューである。従来の歌舞伎のように舞台転換のたびに幕が下りて暗転となる形式ではなく、まったくの幕なしで16場面が進む舞台だった。この作品で汽車のように進んでいくラインダンスが、岸田の弟子だった白井鐵造の振付で登場した。

　小林一三の方針の下、岸田に続いて上演作品の改良を推し進めたのが白井である。1930年の『パリゼット』は白井の帰朝第一作である。パリゼットはパリジェンヌより可愛らしいパリ娘を指す言葉であった。この時期の劇団員は、まだまだ、あどけなさ、可愛らしさが全面に出ている時代なのである。この作品で、白井がパリで買ってきたスパンコールとダチョウの羽根の羽扇を初めて使用した。トリコロールを基調にした色彩が、すみれの紫とともに宝塚の色となっていく。

　帰朝第三作『ローズ・パリ』は、パリレビューの模倣から一歩踏み出した。当時欧米で流行していた美しく甘いミュージカル・プレイを舞台に取り入れたのである。宝塚ロマンチック・レビュー最初の作品で、この形式が宝塚にはふさわしいと白井は確信した。

　また、この作品で銀橋が初めて登場している。パリでもレビュー劇

110 第 2 部 宝塚歌劇

場のカジノ・ド・パリやフォリー・ベルジュールにしかなかった銀橋を、舞台と客席が親密になると感じた白井が宝塚に持ち込んだのである。

そして再度渡欧・渡米し、1937 年に帰朝作品『たからじぇんぬ』を発表した。公演名は、パリで女性をパリジェンヌと呼んでいたことに倣ったもので、これ以降、宝塚歌劇団員はタカラジェンヌと呼ばれるようになった。

パリのレビューは、主題がパリで題名にも入れていること。主題歌がほとんどパリ讃歌であること。この 2 点に気づいた白井はこの作品から宝塚讃歌を作り始める。この精神が歴代のショーの柱となっていくのである。

『たからじぇんぬ』の主題歌の 1 つが、いまも式典などで歌い継がれている代表的な宝塚讃歌『宝塚我が心のふるさと』である。

1940 年に東宝に移籍した白井は、「東宝国民劇」として、男女合同のミュージカルを試みていく。戦争による劇場の閉鎖まで続いたその活動は、戦後の帝劇ミュージカル、東宝ミュージカルの礎石という意味で記憶にとどめておくべき作品と評された。[18]

1951 年宝塚に復帰した白井は、新たなチャレンジとして宝塚歌劇初の一本立公演となる『虞美人』を発表した。

　　宝塚は女ばかりの劇団だから［中略］その欠点をカバーして男装の舞台の美しさを強調して［中略］反対に男などいないほうが、いいと思わせるものにして、その特殊性を強調して見せなければならないというのが私の持論［中略］この『虞美人』によって宝塚の男役の演技を大きく世に示すことができたのは、成功だった。[19]

これまでにない骨太な男役とストーリーによって 3 カ月間ロングラ

ンする大ヒット作となった。そして宝塚50周年の1964年に白井は舞踊集『宝寿』を作った。

　　宝塚は、実際に昔、宝の塚があったので、その地名になったという話だから［中略］1939年の『日本美女伝』で「ゆずり葉の峯の六甲山より妙音天女が来て、この地に宝をうめた」ということにした。そして、今度、その宝とは「美しい舞台で、人の心に憧れと喜びを与えるもの」ということを歌わせたのだが、その宝を小林一三翁がこの地に見つけたのである。[20]

　宝塚歌劇は「美しい舞台で人の心に憧れと喜びを与えるものである」という真髄を示したのである。

　白井鐵造の弟子としてその精神を受け継いだのは高木史郎である。1952年のシャンソン・レビュー『シャンソン・ド・パリ』[21]を皮切りに、宝塚ならではのレビューを模索し続けた。高木はレビューには、Speady, Spectacle, Schocking, Smooth, Star の5つのSが必要であるとした。

　豪華な場面がアイデアあふれる流れるような場面展開で、多くのスターを最大限に生かして楽しませることが、レビューであるというポリシーは、現在のショーづくりの根底にも流れている。そして、植田紳爾との雑談で「ロココは宝塚が一番だ」と高木が語っていたという。[22] 宝塚歌劇の特性を見極めていたのである。

5　宝塚歌劇のアイコン

　宝塚歌劇といえば、多くの人がまず思い浮かべるのが「清く正しく美しく」である。そして『すみれの花咲くころ』である。60周年以降は『ベルサイユのばら』が圧倒的な存在感を示すようになった。と

同時に宝塚歌劇といえば、男役であり、ラインダンス、大階段やトップスターが背負う羽根が象徴である。

(1)「清く正しく美しく」

「清く正しく美しく」は、1934年1月に小林一三が東京宝塚劇場の開場式で挨拶した中の一文である。最初にこの言葉を使ったときは「朗らかに」が前についていた。

現在は宝塚音楽学校のモットーであり、宝塚音楽学校の卒業公演では、毎年最初のプログラムは、『清く正しく美しく』の歌に合わせて緑の袴に黒紋付きの正装で日舞を踊る。宝塚歌劇団に入団し、晴れて初舞台を踏む口上の舞台背景は、この言葉の直筆白扇である。

歌としての『清く正しく美しく』は1973年に小林一三生誕百年記念公演の『宝塚名曲選』で発表された。

『清く 正しく 美しく』
作詞：白井鐵造　　作曲：吉崎憲治

清く正しく美しく
教えをいまに宝塚

わきいづる　泉は清し
一筋の小川となりて
流れゆくなり

その川水の清らかに
流れ正しく美しく
大河となりて水つきず
この川のほとり
小さき一本（ひとひら）の花植えし人あり

ああこの人の偉業
永久に讃えられん

花開き花散りて　幾春秋
今広き花園となりぬ
人呼びて　花園宝塚
日本の花園宝塚
清く正しく美しく
咲き競う百千の花
百千の花のその中に
姿やさしき紫の
香ゆかしき花すみれ

すみれ花
神の恵みの花なれば
八千代にかけてなおぞ香らん[23]

　武庫川のほとりに小林一三が植えた花が、いまや花園となっている。そのすみれは永遠に香るのだと、花に託して小林一三の業績を伝え、宝塚歌劇を未来に伝えていく決意を小林一三へ捧げている。

（2）『すみれの花咲く頃』

　宝塚ファンでなくても一般的に宝塚の曲として誰もが思い浮かべる『すみれの花咲く頃』は、白井鐵造の最初のレビュー『パリゼット』の主題歌である。

114　第2部　宝塚歌劇

『すみれの花咲く頃』

作詞：Fritz Rotter・白井鐵造　作曲：Franz Doelle

春　すみれ咲き
春を告げる
春　何故　人は汝を待つ
楽しく　なやましき春の夢
甘き恋　人の心酔わす
そは汝　すみれ咲く春

すみれの花　咲く頃
初めて君を知りぬ
君を思い　日毎夜毎
悩みし　あの日の頃
すみれの花咲く頃
今も　心ふるう
忘れな君　我らの恋
すみれの花咲く頃(24)

> **WENN DER WEISSE FLIEDER WIEDER BLUHT**
> Words by Fritz Rotter
> Music by Franz Doelle
> ⓒ by BOSWORTH MUSIKVERLAG GMBH
> Permission granted by Shinko Music Publishing Co.,Ltd.
> Authorized for sale in Japan only.

　もともとの原曲はドイツの曲フランツ・デニール作曲、フリッツ・リッター作詞の『再び白いライラックが咲いたら』（Wenn der weiße Flieder wieder blüht）である。白井が留学していた時期に、フランスではライラックのフランス名、リラの花に置き換えた歌（Quand refleuriront les lilas blanc）として流行していた。

　その頃のパリではリラやすみれを小さなブーケにして売っていた。そこで白井は、リラよりも花のにおいが甘く、詩人たちが恋や愛の歌にしていたすみれに置き換えて訳したのである。(25)[Column01 参照]

　原曲は恋人への思いを歌ったものだが、白井自身のパリへの思いを

JASRAC 出 1708992-701

そこに重ね合わせて訳したようである。それが次第に、ファンの宝塚歌劇へ寄せる思いを代弁する歌、宝塚に関係する人々の普遍的な思いが重ねあわされるようになった。このようにして宝塚歌劇を象徴する歌として、退団者を送り出す千秋楽に必ず演奏されるだけでなく、事あるごとにさまざまな編曲・振付で宝塚の舞台に登場している。

(3)『ベルサイユのばら』

図5-1　花のみちの「ベルサイユのばら」モニュメントとバラ
（出所：宝塚市）

『ベルサイユのばら』は、池田理代子の劇画を基に1974年に初演した作品である。初日の幕を開けるまではマリー・アントワネットの初風諄（はつかぜじゅん）、フェルゼンの大滝子（だいたきこ）、オスカルの榛名由梨（はるなゆり）は、あまりにもイメージと違いすぎると原作ファンからの投書が相次いだという[26]。しかし、舞台は完全に観客の心を掴んだ。宝塚で9万3千名、東京で9万1千名を動員して文化庁芸術祭優秀賞を受賞した。

長谷川一夫の演出、植田紳爾の脚本、寺田瀧雄（てらたたきお）・平尾昌明（ひらおまさあき）の音楽、小西松茂の衣装などのスタッフの力が単なる再現性を上回った。さらに主演者だけでなく当時の月組のベテランの存在が絶大であった。その重厚な芝居が絵空事にとどまらないクオリティを引き出した。

社会現象ともなる大ブームとなり、宝塚歌劇といえば『ベルばら』

といわれるようになった。ブームが独り歩きして宝塚歌劇は『ベルば
ら』だけを上演する劇団という思い込みも生まれた。テレビに押され
てかなり落ち込んでいた興行成績は、この爆発的な人気でV字回復
して何度目かの隆盛期を迎えた。再演が続き、海外での認知度が高い
ことから2005年韓国、2015年台湾でも上演している。

（4）男役

　宝塚といえば「男役」である。断髪の男役第一号は1932年、月組
の主演、門田芦子だった。戦後に限っても、劇場再開直後は白ばらの
プリンスと呼ばれた春日野八千代が絶大な人気を誇った。時代ごとに
各組のトップが個性を競い合った。特に「ベルばら四天王」と呼ばれ
た榛名由梨、汀夏子、鳳蘭、安奈淳の4人はまったくタイプが違い、
10年近く大ブームを牽引した。

　あらゆる場面でトップ男役が大車輪の活躍をするスタイルが顕著に
なったのは、『ベルサイユのばら』以降である。それでも、まだまだフェ
アリータイプ、甘いムードの男役がいた。しかし、高木史郎が1962
年の『タカラジェンヌに栄光あれ』で「夢を売るフェアリー」と称し
た妖精のイメージを持つスターはいまや影を潜めている。アイドル的
人気を博した大地真央、ナチュラル派の先駆者であった天海祐希は新
しい男役像を提示した。そして、阪神・淡路大震災以降は、ハードボ
イルドを演じる、スーツの似合うシャープな男役がファンのハートを
つかんでいる。

　トップスターはオールラウンダーであることを求められる。ヒエラ
ルキーの頂点に立つ唯一の存在としてのオーラをいかに作り上げる
か。スター路線のタカラジェンヌは、入団間もない時期から徹底的に
短期間で鍛え上げられる。天海祐希は、本公演と同じ作品を7年目以
下の若手だけで公演する新人公演の主役に、入団後わずか10カ月で
抜擢された。

トップスター就任の最短記録は、初舞台から7年目の天海祐希である。抜擢の早い娘役では、黒木瞳が初舞台から2年目で大地真央の相手役となりトップコンビを組んだ。逆にトップ就任までの最長記録は17年4カ月である。

トップスターの在任期間は、戦中戦後を担った春日野八千代が20年と最も長く、続いて汀夏子が10年、榛名由梨・鳳蘭が9年。近年では100周年を託された柚希礼音が6年間トップを務めた。娘役では5名のトップの相手役を務めた花總まりの12年が最長記録である。

（5）ラインダンス・大階段

宝塚の様式美が顕著となるのがラインダンスであり、大階段である。『パリゼット』以後のショー作品ほぼすべてに大階段とラインダンスが登場する。

『モン・パリ』のフィナーレ、ベルサイユ宮殿シーンで13段の大階段を初めて使用した。1954年の40周年記念公演『春のおどり―宝塚物語―』（白井鐵造作・演出・振付）では40段の大階段が組まれた。現在は吊り下げ式で26段である。2000年の『源氏物語　あさきゆめみし』（草野 旦脚本・演出）のオープニングは、大階段が平安装束の大立体画となった。全出演者がパレードする公演のフィナーレに、大階段は欠かせない。

同期生全員で踊る初舞台のラインダンスは、観客が温かな手拍子で門出を後押しする名物である。1986年の『レビュー交響楽』（植田紳爾作・演出）に登場した126名のラインダンスがこれまでの最高人数である。100周年の記念公演『TAKARAZUKA 花詩集100』（藤井大介作・演出）では、100名がバースデーケーキを模した巨大な舞台装置の前で、舞台機構を駆使したバリエーションのあるフォーメーションで踊り継いだ。

118　第 2 部　宝塚歌劇

6　まちと宝塚歌劇

　武庫川と山を背景に建つレンガ色屋根の宝塚大劇場は、紛れもないまちのランドマークである。

　図 5-2 の原画は、1932 年に宝塚新温泉で阪急創立 25 周年記念として開催された「宝塚婦人こども博覧会」の会場全体図である。そこにはレトロな宝塚、そして女性が遊ぶものが少なかった時代の女性の憧れが詰まっている。宝塚新温泉がほぼ最大規模になった時期で、家族で丸一日を楽しめる装置がちりばめられている。当時画期的だった宝塚植物園大温室や公認レースができる 50m プールもあった。

図 5-2　2014 年 宝塚市トリプル周年（宝塚市制 60 周年、宝塚歌劇 100 周年、手塚治虫記念館 20 周年）記念ランチョンマット
　　（出所：宝塚市国際観光協会、「リボンの騎士」Ⓒ手塚プロダクション）

第5章　宝塚歌劇100年の軌跡　119

　美しい自然に囲まれた絶好のロケーションから独特の文化が発信された。いまのように世界中のあらゆる情報が簡単にインターネットで手に入らない時代には、大いに文化の啓蒙普及の役割を果たすことになった。

　1960年、宝塚新温泉は宝塚ファミリーランドと改称すると同時に宝塚ヘルスセンターを開業した。宝塚ファミリーランドは2003年に閉園し、大温室を中心としたエリアは宝塚ガーデンフィールズとして生まれ変わったが、それも2013年に終了し、この図版で残っているのは宝塚大劇場だけである。

　宝塚南口駅近くにあった宝塚すみれ寮が、2015年に宝塚ガーデンフィールズ跡地に移転した。毎日早朝、決まった時間に宝塚音楽学校の掃除に向かう寮生が、隊列を組んで宝塚大橋を渡る姿を市民は時計代わりに親しんでいた。宝塚音楽学校生の鼓笛隊行進もなくなり、宝塚の町に溶け込んでいた風習は姿を消した。

　100周年で劇場エリアがリニューアルした武庫川左岸は、宝塚市が玄関口の阪急宝塚駅の劇場側広場を整備して「宝塚ゆめ広場」と改名。遠方から宝塚歌劇を目指して訪れる人々を出迎えるタカラジェンヌ像を設置した。

　1926年に開業した宝塚ホテルは、2009年に宝塚歌劇のオフィシャルホテルとなった。スターがディナーショーをおこない、ファンと交流するお茶会を開くなど、宝塚関係者にはゆかりの深いホテルだが、2020年、現在の駐車場（宝塚ヘルスセンター跡地）への移転によってより歌劇との一体感が強くなる。

　宝塚音楽学校旧校舎の跡地に、大階段を模した「花のみち・さくら橋公園」があるのも歌劇の町ならではのことである。宝塚市制60年周年の2014年には、武庫川河岸に一般市民4395名が一直線に並んで5分20秒披露したラインダンスがギネス記録に登録された。

　宝塚歌劇の象徴のすみれは宝塚市の市の花となり、マンホールなど

さまざまなところに描かれている。毎年春先に白井鐵造の故郷の浜松市から一行が訪れ、花のみちにすみれの花を植える行事が行われている。同じく宝塚歌劇の象徴の『ベルサイユのばら』は、同名の新品種の赤薔薇が開発され、2013年宝塚市に寄贈された。[27]

7　宝塚少女歌劇の余韻

　OSKは宝塚歌劇の隆盛に対抗して松竹が1922年4月、大阪の天下茶屋に「松竹楽劇部生徒養成所」を創立したのが始まりである。千日前の大阪劇場を拠点に一世を風靡し、その後1971年近鉄グループ傘下に入ったが、2003年に支援打ち切りとなり解散した。しかし有志が募金を集めるなどの草の根運動を続けて再スタート。2009年1月からは（株）OSK日本歌劇団として南座、松竹座などで定期公演をおこなうようになった。40名あまりの団員が「ダンスのOSK」の伝統を引き継ぎ、ラインダンスのスピード感は健在である。

　宝塚歌劇の影響を受けて、各地の温泉場には集客目的の少女歌劇団が林立したが、いずれも景気の波に飲み込まれ消滅した。ところが、2015年になって、大正の末から昭和の初めに堺で活動した「大浜少女歌劇団」が、81年ぶりに「堺少女歌劇団」として復活した。堺市市長の発案で、地域活性化の目玉としていく構想である。宝塚OGが講師となって小学校1年生から中学校3年生まで77名の一期生がレッスンに励み、年に1回ミュージカル公演をおこなっている。

　長崎のハウステンボスは1992年のオープン当初から、アメリカでオーディションしたダンサーやシンガーがデイリーイベントを展開し、1994年にユトレヒト・プラザで、鳳蘭・大浦みずきなど6名の宝塚トップOGが、スペシャルグランドレビュー『ビューティフルガールズ』を公演した。それは、日本で本格的なアメリカンショー、宝塚OGによる大人のエンターテイメントが生まれる可能性が垣間

見えた瞬間であった。

　経営危機によって2010年から株式会社エイチ・アイ・エスの元で再建への道を歩み始め、2013年7月ハウステンボス歌劇団が誕生した。2014年5月には養成学校としてハウステンボス歌劇院を開校。全寮制で第1期生は14名だった。さらに252席の常設MUSE HALLを作り、2チームで1日に4回程度上演するようになり、2016年には3チーム体制となって敷地外にも活動を拡大している。

　こういった動きが普遍的なパフォーマンスとして地域に根付いていけるかどうか。それは、小林一三のような企業家としてのシビアな経営判断と、人材と文化を育てるという度量の広さ、揺るぎない信念を併せ持ったリーダーがいるかどうかにかかっている。

　小林一三が種をまいた女性だけの歌劇団というビジネスモデルは、21世紀に再び脚光を浴び試されている。

8　宝塚エネルギーの源泉

　宝塚は「春のまち」である。毎年3月下旬に行われる宝塚音楽学校の合格発表は、全国放送も含めた各局のニュースで報道される風物詩である。全国から歌劇の舞台に立つことを夢見た受験生たちの悲喜こもごもが映し出され、受験1つをとっても感情の振り幅の大きいドラマが展開し、さらに合格後、入団後と、さまざまなドラマが繰り広げられる。

　宝塚歌劇はなぜいつまでたっても色あせず、人の心を動かし続けるのか。それはタカラジェンヌの成長ドラマがあるからである。そこにひたすらに舞台に打ち込む濃密な時間が、それに伴走する人々も含めて流れているからである。

　100年を超える歴史をつないだ最大の要因は、人材を育成し供給し続けるシステムが最初から整備されていたことにある。宝塚音楽学校

の卒業生は 4500 人に達している。

1913 年に宝塚唱歌隊として始まり、12 月に宝塚少女歌劇養成会と名称を変えたことで設立意図が明確にわかる。宝塚歌劇団には宝塚音楽学校卒業生だけが入団でき、しかも、未婚の女性のみが在籍できる。新陳代謝が促されるシステムなのである。

1936 年に初めて受験生が 1200 名を突破し倍率が数十倍に達した。過去最高倍率は、1994 年入団の 82 期生で 48.25 倍である。この学年からはトップスター 2 名と娘役トップスター 1 名が出た。1998 年に宙組が誕生したことから 2000 年から 2007 年までは従来の 40 名から 50 名募集となった。2017 年 105 期生の倍率は 26.1 倍だった。

宝塚音楽学校の教育はすべて、入団後の舞台生活に活かされる要素である。かつて、鼓笛隊として花のみち周辺を行進するカリキュラムもあったが、1989 年から陸上自衛隊伊丹駐屯地で基本教練研修を受ける内容に変更となった。さらに 2009 年度から一次試験が面接のみになり、受験時の完成度ではなく素質と将来性を重視した試験となった。

宝塚音楽学校では予科と本科の 2 年間学ぶ。卒業して宝塚歌劇団に入団し、研究科一年として緑の袴で口上を述べ、同期生全員でラインダンスを踊る。在団中は研究科の年次が上がっていくから生徒であり続けるのである。

タカラジェンヌは宝塚歌劇の舞台に立つという共通の憧れを持ち集まった同志である。競争社会のライバルでもあるが、作品を作り上げるという目標に向かって切磋琢磨する時間から深い絆が生まれる。

タカラジェンヌは意識と意志で自己を制御する存在である。その姿勢がカッコよさを生む。様式から生み出されるビジュアルに意味が宿り力となった。伝統を守るプライドと役割を果たす使命感が、タカラジェンヌの原動力だといえる。創造し続ける歴史的な連なり。そのなかの 1 人であるという自覚とバトンをつなぐという意識。自己開発し、

与えられた役割で勝負している潔さに、ファンは美しさを見出す。

挑戦する姿にハラハラしながら、そこにときめきを見出している。過去の幻影を追い続けるファンもいる。星組元トップの瀬戸内美八が言った「OG はみんな家族、ファンはみんな親戚」という言葉が、宝塚歌劇を取り巻く集団の親密性を象徴している。

個々が在団中の限られた時間で舞台人としての魅力を創造し、価値を伝えていく。やがて退団のときを迎えるが、実のところ退団後の人生の方が長い。多くの卒業生が生まれ、第2の人生に舞台を選ぶタカラジェンヌも増えてきた。宝塚歌劇 100 年の歴史で蓄えてきたエネルギーが、現役・OG それぞれの新たな地平を開き始めている。

9　宝塚歌劇が描く世界

宝塚歌劇は、関西から世界に発信する文化である。海外公演は主なものだけでも 25 回を数える。

洋楽中心の歌劇を目指したお伽歌劇に始まったレパートリーは、1927 年レビューを加え、そのときに従来の白塗り化粧が洋風に変わった。アメリカンなショーを取り入れ、1967 年に初の海外ミュージカル『オクラホマ！』を上演しさらに守備範囲を広げた。1996 年のウィーンミュージカル『エリザベート』は、海外から作品を輸入してコピーするだけでなく、宝塚流アレンジによって再構築したミュージカルを発信する転換点となった。

宝塚歌劇は、その時々でブームを巻き起こした。あらゆる要素を消化吸収する強靭な胃袋を持ち、新陳代謝が活発な集団として、変幻自在に生き抜いてきた。大衆の嗜好が多様化し、細分化する中、レパートリーのベースを新ジャンルに求め、新たな観客層を開拓している。

宝塚歌劇はパロディ化されることが多い。それはすなわち、ある一定の様式が認識されているということである。特殊だからこそ存在

価値がある。しかも新しいものを作り出す土壌がある。

宝塚歌劇最大の特徴は、大人数の集団美にある。1組80名がホリゾントいっぱいに繰り広げる群舞や大階段を使った群舞の迫力は独特である。特に燕尾服の男役が踊る群舞は、宝塚ならではのスタイリッシュな見せ場である。

日本体育大学の「集団行動」も一糸乱れぬ隊列変化で喝采を集めている。また海外で先に注目を集めたパフォーマンス「WORLD ORDER」は、スーツ姿の男性がロボットのような動き方で展開する。宝塚の群舞も含めて共通するのは鍛え抜かれた動きであり、勤勉で、礼儀正しいという日本人ならではの特性が現れている。ただそれ以上に、宝塚歌劇の群舞にはステージパフォーマンスとして追求した美の極致がある。

宝塚歌劇とフランスとは親和性が高い。そこには『モン・パリ』に始まる数々のレビューで駆き立てられた、パリへの憧れが大きく作用している。加えてベルばらブームで流入したファン層の探求心が、フランス革命時代の博学へと転換し、ブロードウェイミュージカル『スカーレット・ピンパーネル』やフレンチミュージカル『1789』、さらには宮廷物の流れでウィーンミュージカル『エリザベート』を受容し変容させる素地を作ったのである。

10　コンテンツビジネスの展開

1955年に阪急電鉄提供番組として、新日本放送ラジオで「宝塚ファンコンテスト」が始まった。これはスターが公演の一場面をファンとコンビを組んで演じ、演出家が評価するスタイルで、コンテンツを活用したファン参加型の番組であった。

コンテンツビジネスに対応できたのは、あくまでもオリジナル主義だったからである。

変化し続ける大衆の興味の行き先を感度良くキャッチし、貪欲に開拓してきた。個の楽しさを追求する時代、何を面白いと思うか。そのベースとなる共通項は何かをさぐり、最大公約数を選ぶ。2割の先鋭的な層が絶賛する作品ではなく、8割が受け入れる舞台を提供する。老若男女を問わず受け入れられる演目を選択する。それが大きな劇場で稼働率を保って公演し続ける幕の内弁当方式である。大衆をターゲットにするからこその間口の広さ。多彩なレパートリーがあり、舞台化してきた地域・時代ともに幅広い。作品をたどれば時代を超えた世界周遊ができる。

2002年7月に宝塚歌劇衛星放送チャンネル「タカラヅカ・スカイ・ステージ」が開局された。宝塚歌劇の専門チャンネルで、舞台を中心に、タカラジェンヌの特集やトピックスを24時間放送している。それだけの番組を構成できるコンテンツが宝塚歌劇にはある。

1970年代後半、キャンディーズやピンクレディに代表されるアイドル歌手の登場で、それまで手だけの振りが中心だった歌のパフォーマンスが全身を使うようになり、ヒット曲の振りをファンが真似し始めた。2013年、AKB48の『恋するフォーチュンクッキー』は、シンプルな振り付けで、さまざまな職場やサークルで踊るシーンが続出した。学習指導要領の改訂で、2011年に小学校、2012年中学校、そして2013年からは高校でヒップホップなどが体育の授業に導入された。日本が生んだカラオケ文化もあり、歌い踊る土壌＝観客層が育っている。

2007年9月宝塚歌劇の公演が初めて生中継によって映画館で放映された。東京公演中の組を除く4組のスターたちが年に一度集うTCAスペシャルで、モン・パリ80周年記念のプログラムだった。このときは東京と大阪の二館上映で新たなファン層の獲得ツールとして試みたのである。100周年に退団した柚希礼音のサヨナラ公演中継は、初めて台湾公演をおこなったトップスターだったこともあるが、台湾

126 第2部 宝塚歌劇

２カ所を含む全国45カ所の映画館で同時上映となった。6000名を収容するさいたまスーパーアリーナも含めた26000名が、劇場にいる観客とリアルタイムで柚希礼音のラストデイの時間を共有した。

キャパシティの決まった劇場チケット収入に加えて、関連会社が手掛ける出版・放送・商品販売収入が宝塚歌劇の事業を支えている。

おわりに

宝塚歌劇は、女性だけでミュージカルもショーも演じる。一年間を通して途切れることなく公演し、連綿と宝塚文化を作り上げてきた。ターニングポイントはレビューの登場前後、ミュージカル導入前後、『ベルサイユのばら』上演前後、阪神・淡路大震災前後にあった。そこでうまく路線を切り替え、ピーク時に比べれば減少傾向であるが、年間客席稼働率は宝塚大劇場が約90％、東京宝塚劇場が約100％を保っている。

2014年のコンサート観客動員数ランキングは、1位のEXILE TRIBEが105.3万人（31公演）、2位のBIGBANGが92.7万人（29公演）。3位の嵐が89.4万人（18公演）。AKB48は14位で37万人（316公演）だった。一方、宝塚歌劇は宝塚大劇場約118万人、東京宝塚劇場約97万人を動員している。コンサートアーティストに比べてメディア露出が少ないにもかかわらず、宝塚歌劇は安定して観客を集めている。

舞台を見る行為は贅沢な時間の使い方である。丸一日芝居三昧というのは歌舞伎の形式である。宝塚歌劇は、大阪で開かれた日本万国博覧会協賛の和洋ショー『タカラヅカEXPO '70』から上演時間を30分短縮し、幕間を入れて3時間という現在の公演形式に変えた。万博帰りの客を狙ったインバウンドを意識した改革であった。

舞台を見るためにわざわざそこに行くことは、思い立ったらすぐに

見たい、すぐに見ることが可能であるネット世代にとっては対極にあるアナログな行動である。しかも、市街地ではなく郊外に拠点がある。わざわざ足を運んで観る宝塚歌劇には、バーチャルな情報に囲まれるいまの若い世代が経験しがたい臨場感がある。

　本章では宝塚歌劇の源流をたどり、100周年を超えた現状を概論してきた。『ベルばら』初演から40年、『エリザベート』初演から20年、ようやく演劇の1ジャンルとしてのポジションを獲得しこの10年で研究論文も増えてきた。2017年は『モン・パリ』誕生90年で、草創期の岸田辰彌、白井鐵造から数えると、第七、第八世代の演出家が登場している。今後、いまの時代の日本文化としていかに独自色を表現していくのか。それが更なる飛躍への鍵である。

[注]

(1)　当初は音楽学校教師が伴奏していたが1921年に専属オーケストラを作り、1923年にドイツのヨセフ・ラスカを指揮者兼指導者として招いて「宝塚交響楽団」を育成。やがて宝塚管弦楽団となり2000年、宝塚歌劇オーケストラと改称。株式会社宝塚クリエイティブアーツ所属である。

(2)　「新文明」1893年11月号。吉田弥生編著（2014）『歌舞伎と宝塚歌劇　相反する、密なる百年』開成出版、34頁。

(3)　倉田善弘（1981）『近代劇のあけぼの　川上音二郎とその周辺』毎日選書、102頁。

(4)　松永伍一（1988）『川上音二郎──近代劇・破天荒な夜明け』朝日選書、71頁。

(5)　大笹吉雄（1985）『日本現代演劇史　明治・大正篇』白水社、519頁。

(6)　小林一三は従来の当たれば大きい、当たらなければこの次に取り戻す、といった芝居興行の在り方に立ち向かった。「劇を一つの事業として見る時、まず第一に、営利の伴わない演劇は存在しない。存在しなければ、改良も進歩も国民劇も、ただいたずらに夢のような空想に終わるので、私にはこの種のナンセンスは考えてみた事もない」。

　　小林一三（1935）『私の行き方』阪急電鉄株式会社　総合開発事業本部　コミュニケーション事業部、2000年版、66頁。

(7)　依岡隆児（2008）『関西モダニズム再考』「築地小劇場と関西新劇運動──

128 第2部　宝塚歌劇

　　　ドイツ表現主義からの影響を中心に」思文閣出版、75頁。
(8)　坪内志行（1926）「宝塚国民座」私言『歌劇』73号。
(9)　依岡隆児（2008）『関西モダニズム再考』「築地小劇場と関西新劇運動──
　　　ドイツ表現主義からの影響を中心に」思文閣出版、280頁。
(10)　1989年のニューヨーク公演第2部　小原弘稔作・演出『タカラヅカ・フォー
　　　エバー』の主題歌にもなった。1980年代以降の宝塚讃歌の代表である。
(11)　大笹吉雄（1986）『日本現代演劇史　大正・昭和初期篇』白水社、106頁。
(12)　小山内薫（1933）『宝塚少女歌劇廿年史』「日本歌劇の曙光」宝塚歌劇団。
(13)　小林一三（1935）『私の行き方』阪急電鉄株式会社　総合開発事業本部　コ
　　　ミュニケーション事業部、2000年版、170頁。
(14)　小林一三「再開の喜び」1955年4月公演プログラム（1974年4月星・花組
　　　合同公演『清く正しく美しく』『虞美人』公演プログラムによる）。
(15)　岸田は1913年帝劇歌劇部の第二期生である。ローシーにオペラ、オペレッタ、
　　　ダンスの基礎を学ぶ。1919年宝塚歌劇団入団。高木史郎（1983）『レビュー
　　　の王様』河出書房新社、16頁。
(16)　白井は1919年に坪内志行が宝塚で養成していた男子の「専科」二期生となる。
　　　それが解散となり最初は1921年に宝塚音楽歌劇学校の助教授となった。白
　　　井鐵造（1967）『宝塚と私』中林出版、35頁。
(17)　白井のこの路線を受け継いだ岡田敬二が、1984年『ジュ・テーム』からロ
　　　マンチック・レビューシリーズと銘打って2016年までで19作品上演した。
(18)　白井鐵造（1967）『宝塚と私』中林出版、163頁。
(19)　白井鐵造（1967）『宝塚と私』中林出版、177頁。
(20)　白井鐵造（1967）『宝塚と私』中林出版、249頁。
(21)　戦後初めてパリのシャンソンを紹介。「枯葉」「ラ・メール」などを深緑夏
　　　代が歌った。高木史郎（1964）『宝塚花物語』秋田書店、232頁。
(22)　植田紳爾（1991）『ベルサイユのばら　昭和・平成総集編』宝塚歌劇団、78頁。
(23)　1974年4月星・花組合同公演『清く正しく美しく』『虞美人』公演プログラ
　　　ム。
(24)　白井鐵造（1967）『宝塚と私』中林出版、271頁。
(25)　白井鐵造（1967）『宝塚と私』中林出版、89頁。
(26)　宝塚歌劇団（1991）『ベルサイユのばら　昭和・平成総集編』フォーサム臨
　　　時増刊、宝塚歌劇団、80頁。
(27)　フランスのメイアン社が開発した。続いて白のオスカル、濃いローズピン
　　　クの王妃アントワネット、ライトイエローのアンドレ、ラベンダー紫のフェ
　　　ルゼン、桜ピンク色のロザリーも開発され京成バラ園芸株式会社が寄贈。「宝
　　　塚ゆめ広場」に植えられた。

［参考文献］

大笹吉雄（1986）『日本現代演劇史　大正・昭和初期篇』白水社。

倉田善弘（1981）『近代劇のあけぼの——川上音二郎とその周辺』毎日選書。

小林一三（2000）『逸翁自叙伝——青春そして阪急を語る』　阪急電鉄総合開発事業本部コミュニケーション事業部。

白井鐵造（1967）『宝塚と私』中林出版。

高木史朗（1964）『宝塚花物語』サンデー新書、秋田書店。

高木史朗（1983）『レヴューの王様——白井鐵造と宝塚』河出書房新社。

宝塚歌劇団（1974）『宝塚歌劇の60年史』宝塚歌劇団出版部。

宝塚歌劇団（1984）『宝塚歌劇の70年史』宝塚歌劇団出版部。

宝塚歌劇団（1991）『ベルサイユのばら　昭和・平成総集編』フォーサム臨時増刊、宝塚歌劇団。

宝塚歌劇団（1994）『夢を描いて華やかに——宝塚歌劇80年史』宝塚歌劇団出版部。

宝塚歌劇団（2004）『すみれ花歳月を重ねて——宝塚歌劇90年史』宝塚歌劇団出版部。

宝塚歌劇団（2014）『虹の橋　渡りつづけて——宝塚歌劇100年史』舞台編・人物編、宝塚歌劇団出版部。

武村民郎・鈴木貞美編（2008）『関西モダニズム再考』思文閣出版。

中野正昭編（2015）『ステージ・ショウの時代』近代日本演劇の記憶と文化　第3巻、森話社。

松永伍一（1988）『川上音二郎——近代劇・破天荒な夜明け』朝日選書。

吉田弥生編著（2014）『歌舞伎と宝塚歌劇　相反する、密なる百年』開成出版。

第6章

宝塚歌劇の演出技法

太田哲則
(台本・演出家)

1 「宝塚歌劇」の演出とは

(1) 仕事の現場

「歌劇の演出をやりたいんです！」という人に、よく出会います。そんなときには「ああ、そう。頑張って」と言って、「ただ、普通のお芝居の演出とは違って、あそこはレビューの劇団だから……」と続けると、必ず「ええ、判ってます！」と返事が返ってきます。そして、心のなかで思うのです、「いや、判ってない！」と。

第一、演出という職種がどこまで理解されているか、それすらも不安です。かつて「ベルサイユのばら」を上演したとき、この作品の演出は、あの長谷川一夫先生でした。当時、大いに話題になったのですが、終演後、一部のファンから「長谷川一夫は出てないの？」との質問。出演と演出とは、字は似てるんですが、惜しい！　違うんです。

そこで、良い機会ですので、宝塚歌劇の演出家の、ちょっと変わった仕事について、書き出してみましょう。レビューの演出の「思いつき記」。まずは仕事現場がどんな所なのか。そこから始めましょう。

今更ですが、宝塚歌劇団は特殊な集団です。出演者は女性のみ、したがって、必要に応じて「男性の役」も女性が演じます。これを「男役」といいます。これに対するのは「女役」のはずですが、なぜか「娘

役」といいます。出演者の年齢も幅広く、時には還暦以上のベテラン
も出演します。公演のスタイルはさまざまですが、主興行の宝塚大劇
場・東宝劇場公演の場合は、およそ八十名の出演者を全員、何かの役
で出さねばなりません。出演者は「生徒」と呼ばれ、実年齢ではなく、
入団年次によって先輩・後輩が決まっています。そこで、同じ釜の飯
を喰った仲、という仲間意識が芽生え、独特の礼儀作法、尊敬の念、
団結心などが生まれ、パフォーミング・アーツの集団なのに、なぜか
体育会系のノリもあります。

　ここでは、この特殊な・不思議な芸術集団が提供するさまざまな作
品、それらを、無謀にも（？）演出してみたい！　という勇敢な挑戦
者のために、与えられたテーマである「宝塚歌劇の演出」技法につい
て述べてみましょう。

（2）出演者は「生徒」

①宝塚歌劇は、普通のお芝居とは違う——宝塚歌劇は、ストレート・
　プレイではなく「音楽劇」を上演します。もう1つは「演出は、
　作者も兼任する」という二点です。

②演出は、現場の責任者——普通のお芝居でもいえることですが、
　音楽劇なので、制作現場での作業はさまざま沢山あります。そこ
　で、演出の掲げる作品意図に集中して、関係スタッフ・出演者た
　ちなど、多くの人たちの気持ちをまとめる「交通整理」的な作業
　も必要です。

③宝塚歌劇コードへの配慮——「清く正しく美しく」が宝塚歌劇の
　イメージです。そこで宗教的、政治的、性的なもの、また社会的・
　今日的なテーマを含むもの、などは、特定の方向へ独走しないよ
　うにコントロールせねばなりません。まずは「健全な家庭娯楽」
　を提供するという意識・姿勢を、キープすることも演出の仕事で
　す。

④製作プロセスのチェック——公演の担当が決まったときから、始
　まります。いわゆる作・演出だけでなく、ポスター・デザイン、
　予算の配分などのプロデューサー的な意識と作業、劇団の年間公演
　の１つを担うという姿勢は、常に必要です。

　さまざまな演出テクニックの前に、「宝塚歌劇の演出」の姿勢として、
以上のようなポイントを確認しておきましょう。そうすれば、出演者
が「生徒」と呼ばれ、演出、作曲、振り付けなど担当スタッフの多く
が「先生」と呼ばれる「座付き作者」でいることが理解できるでしょ
う。つまり、優秀なフリーの演出家の方が担当するには、雑用が多す
ぎるのです。しかし、これらの雑用こそが、新しいミレニアム・次な
る百年に突入した宝塚歌劇の精神的なバックボーンでもあるのです。
　これでお判りでしょうか？　はじめに言った、心のなかのセリフ「い
や、判ってない」とは、宝塚の演出をするには、まず、これらの意識・
姿勢を、理解して身につけることから始まるという意味なのです。で
は、具体的に「演出の作業」を考えてみましょう。
　「音楽劇」とは？
　いきなりの大命題が出てきました。そうです。「音楽劇」というのは、
何でしょう？
　その前に、宝塚歌劇の公演は、基本的には音楽劇ですが、この音楽
は「洋楽」です。「西洋音楽」なんですね。宝塚歌劇では、日本では「邦
楽」といわれる「伝統音楽・三味線音楽」とは違って、五線の譜面を
使って、洋楽器で演奏されます。
　一方、邦楽をつかった音楽劇は、日本では「歌舞伎」がありますし、
中国・朝鮮から渡ってきた「雅楽・舞楽」などもあります。
　かつて、宝塚少女歌劇が産声をあげたころは、「新しい日本人の、
日本人による、日本人のための、新しい国民劇」のようなものを創造
することを、目標に掲げた頃がありました。「新しい日本人・若者たち」

は海の向こうからやってきた「洋楽」に興味を示しました。それは「歌劇・オペラ」でした。これからは洋楽だ！　誰もが歌える健全な歌を、みんなで！

日本に洋楽が正式に流れ着いたのは1879年です。西南戦争が終わって2年、オペラの上演は1903年。この年、夏目漱石は英国留学から帰ってきました。東郷平八郎が連合艦隊司令長官になりました。そして東京音楽学校の学生有志が、オペラを日本で初めて上演しました。

図6-1 『モン・パリ』オリジナル楽譜・表紙

「歌劇」が新しかった、珍しかった時代でした。明治時代から大正時代となり、一般庶民の意識は変わってきました。お伽歌劇『ドンブラコ』は、意欲的な「創作オペラ」でした。そして昭和になって、日本初のレビュー『モン・パリ』が上演されます。そしてレビュー『パリゼット』の主題歌の1つ『スミレの花咲く頃』のヒット……。

こういう「日本の音楽史」は、勉強しておいてください。なぜ勉強が必要かというと、日本の邦楽・洋楽の形成過程を知り、あなた自身の音楽は、どのように形成されたのかを知っておくこと。きちんと理解しておくことが、音楽劇を演出する上で、必要だからです。

(3)「劇場音楽」とは？

大切なことは、あなたにとっての「音楽とは何か？」ということです。あなたの音楽的バックボーンは何でしょう？　福山雅治？　氷川

きよし？　三代目 J Soul Brothers？　なんでもいいです。ただ、宝塚歌劇というのは「舞台芸術」であること。そこで演奏される音楽は、「劇場音楽」であること。これをはっきりと認識せねばなりません。

　そこで「劇場音楽」「劇音楽」とは？

　こういう基本的な「音楽」の概念、その誕生や種類・発展などについては、いろいろな本が出ていますので、それらを参考に、音楽劇での音楽の使い方、作り方を勉強できます。

　かつて、『ウエストサイド物語』は『西街物語』、『サウンド・オブ・ミュージック』は『楽の音』という題名で紹介されました。半世紀ほど前のことです。この『西街物語』と『楽の音』、日本に紹介された当時のこの邦訳タイトルでわかるのは、なんとか舶来のものを、日本人にも受け入れやすい包装紙で送り出そう、という意識です。しかし翻訳上演、映画化などを経て、ある時期から日本のショー・ビジネス界と「ブロードウェイ・ミュージカル」との距離は、「オーイ」といえば「ハーイ」と応えるほど、一気に縮まりました。ところが9.11からは、少し遠ざかり、逆に欧州のヌーベル・オペレッタの翻訳上演が話題になっています。

　さて、前述の通り、「歌劇」というスタイルの舞台芸術は、長年のあいだに汎世界的な芸術に成長しました。素晴らしい作曲家・歌手の登場で、それぞれの時代にその時代の伝説を作り上げました。

　私ごとの思い出ですが、パバロッティ、カレラス、ドミンゴの「三大テノール夢の競演」もありました。古くは、NHK が招聘したイタリア・オペラ公演。特に第2回、第3回公演のデル・モナコ、テバルディ、シミオナート、プロッティ、ティト・ゴッピ、ディ・スタジオ、第2回公演は東京宝塚劇場で上演され、第1回公演は宝塚大劇場でも上演されました。これは TV にかじりついて見ました。

　その後は、大阪フェスティバル・ホールでの、突然の「バイロイト音楽祭・引っ越し公演」の「トリスタンとイゾルデ」。イゾルデをビ

ルギット・ニルソン、トリスタンをヴォルフガング・ヴィントガッセン、マルク王をハンス・ホッター、指揮はピエール・ブーレーズ。「奇跡」でした。この奇跡は見逃しましたが、もう1本の「ワルキューレ」は見ました。リヒャルト・ワーグナーの楽劇の演出様式の、1つの完成型といわれた、孫のウィーラントによる、バイロイトのウィーラント様式といわれた演出様式です。あれこそワーグナー音楽の極致でしょう。

　これは、年寄りの自慢話ですが。しかし、こういう人たちの「音楽」が、いつの間にか体の片隅に忍び込んできたことは事実です。

（4）「感受性」を磨く

　いろいろな種類の音楽を聞いて、それらが発散するもの、それらを受け止める「アンテナ」を、磨いておくことは、大切です。どんなものが投げ込まれるか、それをどうすれば、最上のかたちで受け止めることができるか。舞台芸術というのは、舞台から発した電波を、客席にいる観客へ着実に届けることですから、この舞台と客席とのあいだの、空間に「感動」という波を起こすためには、電波を発信する側のテクニックは、とても大切です。

　「音楽史」というのは、一般社会の移り変りを記録する「歴史」と同じように、事件の記録はもちろんですが、大切なのは人間の記録です。前述の通り、音楽史といっても古典音楽・純音楽の進歩・発展の記録は、数多く出版されています。大学で音楽史を担当する先生方の数だけ、教科書は出ています。したがって、「世界三大作曲家」といえば、バッハ、モーツァルト、ベートーベン、「ドイツ音楽三大B」といえば、バッハ、ブラームス、ベートーベン。「世界三大子守唄」といえば、シューベルト、モーツァルト、ブラームス。これらを知らない日本人はいないでしょう。なぜ知ってるのか？　学校で教えるからでしょう。しかし、バッハやブラームスの音楽を、実際にはどれだ

第6章　宝塚歌劇の演出技法　137

け聞いたことがあるでしょう？

　大切なのは、知識も必要ですが、それらの曲を受け止めるアンテナです。受け止めて、何を感じるか、それを「感受性」といいます。この感受性の方向は、人それぞれなんですが、とにかく音楽だけではなく、演劇にも舞踊にも、いえ芸術全般に、世間の森羅万象に必要な感性なのです。

　「劇場音楽」に話を戻しましょう。

　音楽劇の演出にあたって、学ばねばならない音楽の種類についての、教科書はあまり多くありません。ただ1冊、紹介できるのは、この著者自身が長年、世界の音楽界をリードし、数多くの演奏活動に従事して、しかも非常に幅の広い、さまざまなジャンルの音楽に造形が深い、そんな人物が書いた本があります。それはレナード・バーンスタイン著『音楽のよろこび／The Joy Of Music』です。1966年に音楽の友社から、邦訳が出版されました。これはバーンスタイン自身が担当していたアメリカのテレビ番組の台本を邦訳したものです。

　番組の内容は、バッハ、現代音楽、ベートーベンの第五、オペラについて、アメリカのミュージカルは？　など、広い範囲の音楽を、バーンスタイン独特の目線から分析し、テレビですから実演も交えて進行します。台本だけ読んでもとても楽しい読み物になっています。

　その本のなかで、彼は「音楽劇の種類」を、バラエティー・ショーの、バーレスク、ミンストレル、ボードヴィル、ミュージック・ホールから。レビュー、オペレッタ、オペラへ、そのなかでも細かく、ワーグナーの楽劇、グランド・オペラ。ヴェリスモ、オペラ・コミック、コミック・オペラ。オペラ・ブッファ、オペラ・セリア、と分けています。一口に「音楽劇・ミュージカル・シアター」と言っても、これだけ多くのスタイルがあるわけです。

　あなたが観客でいるときはこういうさまざまな作品を、楽しく見てればいいのですが、作品を制作するプロデューサー、ディレクターな

138 第2部 宝塚歌劇

どの送り手になると、作品の内容と、そのスタイルをよく吟味して、様式と中身とを間違わないように、制作を進めねばなりません。つまり「新しいワインは、新しい革袋に入れ」ねば、袋は破れ、ワインはこぼれてしまい、ワインも袋も無駄になってしまうことになります。

　おなじようなことが、上演する場所・劇場についてもいえます。フランスの劇作家ジロドゥの「オンディーヌ」第2幕・第1場では、宮廷劇場の支配人が登場して、こう言います。

　　私の支配人としての成功は、いかなる舞台にも、それぞれ得手と不得手があることを心得ているからでありまして［中略］。ある劇場は、古典ものではしっくりこない。笑劇ならいつでも大当たり、これはメスの劇場なのであります。ある劇場では、少年聖歌隊でないとイメージが合わない、これは同性愛の劇場だったのであります。昨年、閉鎖した劇場は、近親相姦の戯曲しか受け付けなかったからであります［後略］

　（『オンディーヌ』米村晰訳、劇団四季上演台本より）

　ここでは「メスの劇場」とか「同性愛の劇場」、「近親相姦しか受け付けない劇場」と、少し驚くような発言ですが、要するにそれぞれの劇場には特有の「何か」がある、ということをいっている訳です。

　このように、劇場が本来持っている「何か」は、演出作業をするときの、多くの「条件」のなかでも、大切な案件です。たとえば日本橋の国立文楽劇場で、宝塚歌劇の上演は、不可能ではないにしても、やはり違和感を感じる人は多いでしょう。逆の場合も同じことです。この場合の「何か」とは、何でしょう？　これは「劇場の使い方」の節で、詳細に述べることにしましょう。

（5）「作・演出」の意味

　さて、基本的な演出という作業は、まず「台本を読むこと」から始まります。しかし、宝塚歌劇の演出の場合は、基本的に「演出者は作者も兼任する」ので、台本を書くところから始まります。また、「製作プロセスのチェック」も必要なので、公演の担当が決まった段階で、すぐに始める作業があります。それは、担当する組のこれまでの公演のチェックです。同時に歌劇団のすべての公演予定、大劇場も東宝劇場も、バウホールも全国公演も特別公演も、全部調べます。

　その理由は簡単です。「ほかとダブらない」ためです。いろいろな点でダブらないように。それは、次の公演は、その組のための「新しいもの」であって、ほかがすでに上演した物の「再演・同じネタ」ではない、ということを、出演者にもスタッフにも観客にも、すべての人に知ってもらうため、という理由が１つ。

　もう１つは、「その組のための作品」、という感傷的な理由だけでなく、同じ地域・時代・事件などが重なると、衣装・小道具、音楽などもダブッてしまい、限られた有物の衣装、剣などの武器、家具類などがなくなってしまう危険があるからです。

　作品は限られた予算のなかで、作るわけですから、新しいものを、多量に作るだけの余裕がありません。また、地域が同じだと、同じような役名の登場人物になってしまう危険もあります。男はロベルト、ホセ、カルロスだらけ、女はカルメンやマリア、アニタばっかりだと、ちょっとややこしいし、お互いに不愉快ですね。

　営業では「幻の名作、待望の再演」などのキャッチコピーで売りますが、基本的には「新しいもの」を提供することが、当たり前の劇団なのです。

　レパートリー公演といって、古い作品をより磨いて、リバース・再生して、再生毎にブラッシュ・アップしたものを見せる「伝統芸能」

とは、基本的に上演の理念が、立っている場所が違うのです。今風にいえば、「旬のもの」を提供するか、「熟成肉」を出すか、ほどの違いがあるでしょう。どちらも美味しいものですが、まずは食材が異なりますから、調理方法も、その評価も違います。

こういう比喩的な表現は、百聞は一見に如かず、それぞれの舞台を観ることです。すると50年ほど前に、自称評論家が「宝塚の男役」と「歌舞伎の女形」を比較して、「日本の素晴らしいミュージカルは、歌舞伎である」と宣うたのは、宝塚歌劇も歌舞伎もお互いに大迷惑だったことがわかるでしょう。最近は、歌舞伎界も新作が増えています。新しい古典を作ること、新しいものを作るエネルギーはいつの世にも必要です。

もう1つ、大切なことは「何をするか」よりも、「何ができるか」を考えることです。まず「ほかの公演とダブらないように」。そして公演の季節を考えます。お正月・お花見・夏休み・秋の行楽、芸術祭シーズン、どれかの季節なら、その季節らしいものを。そして出演者にとって、リフレッシュできて、前進できるものを。単純にいえば、生徒たちにとって何をやればいいか、何をやるべきか。そういう角度から考えてみることが、宝塚歌劇の演出としての姿勢です。

2 「製作」という作業

（1）台本の前に

「上演予定作品」が決定すると、台本を書き始める前に、全体の梗概・構成、いわゆる「はこ書き」を作ります。

そして公演ポスターのための打ち合わせをします。それはポスター写真を、誰を軸で、どんな感じで撮影するかを決めることから始まります。

第6章　宝塚歌劇の演出技法　141

　写真の打ち合せと同じ頃に、メイン・スタッフ、音楽・振り付け、舞台美術の担当者との打ち合わせに入ります。大まかな作品の世界観を、スタッフにも共有してもらうために、その世界観の具現化のためのイメージを固めてもらうためにも、必要な大切な作業です。

　ここで大切なことは、何事も第一印象が重要ですが、初めての打ち合わせで、できるだけ詳しく、作品の世界観を述べて、それを理解してもらう点にあります。

　作品は、打ち合わせを重ねながら作るのですが、実際問題として、忙しいスタッフが、毎週毎週、顔を合わせるわけではありません。遠隔のスタッフの場合は、なおさらで、回を重ねるときは、より具体的な進展をベースに、次の打ち合わせをせねば、時間も経費も無駄になるだけです。

　こういう「新しいもの」を創造するときは、「イメージを醸し出すための時間」が必要だという点です。イメージを想像して、そこにスタッフのアイデアを加味して、具現化するには、熟成させる時間が必要です。その時間はケース・バイ・ケースですが、2週間というのは、一応の目安になる時間でしょう。そうして「打ち合わせ」を重ねながら、その場面の装置・衣装、音楽などを創造していくのです。やがてその場面のイメージが具体的に固まってきます。誰がメインか、人数は？　具体的なメンバーは？　という具合に……。

　よく「御前会議」といって、メイン・スタッフが一堂に会して打ち合わせをする様子が、マスコミなどで流れることがあります。あれは、大体が宣伝用の「やらせ」です。主な出演者も居並ぶ「製作発表」と同じで、1つのセレモニーです。しかし、作品製作プロセスの1つの節目でもあるのは確かです。棟上げ式と同じともいえます。とにかく実質的な会議もあれば、イベントとして、営業を考えた「厳しい会議」ゴッコも必要です。そういうハデなイベントに惑わされないのも大事です。やらせ会議がお好きなら、スタッフよりも、タレントを目指し

た方がいいでしょう。「歌劇の演出」が、そういう派手なセレモニー
をイメージしている方は、ここでどうぞ脱落してください。

　宝塚歌劇の演出は、「裏方」という製作現場のスタッフの作業だけ
でなく、「表方」という営業面の作業にも関わることがある、という
のは、こういうポスター写真、チラシなどの制作に関わる作業のこと
です。

（2）ポスター写真・チラシ

　ポスター写真・チラシについては、印刷技術の進歩で、日進月歩。
すごい速さで変化し進歩しています。撮影技術・印刷技術は、もっと
良くなるでしょう。楽しみです。

　ただ、宝塚歌劇の公演ポスターには、ほかの大衆芸能の公演ポスター
とは違って、「ブロマイド」のような要素を加味しています。それは
宣伝として、作品の一般情報、つまり上演場所、日時、内容、主な出
演者などを告知することはもちろんですが、出演者の顔写真を必ず載
せること、またファンはそれを期待しているということです。見方に
よっては、いつもいつも、同じようなメイク、ポーズで、どれも同じ
といわれますが、それなりに工夫しています。

　基本的なポスター・デザインは、演出がまず提案します。作品の世
界、主人公の職業、物語の展開などを提示します。たとえば、主人公
は詩人なので、その時代のインク壺とか、本、羽ペンなどは欲しい、
場所はベニスなので、ゴンドラのように水都を象徴するものを。これ
に主な出演者の人数を、いろいろな角度から検討して、歌劇団の立場・
意思を踏まえて決定し、作品の世界を表現するために、構図・配置・
ポーズを決めます。その段階で、ポスター・デザインの基本的な方向
は決まります。

　このポスター・デザインの制作で、全体の構図・構成が決まれば、個々
の出演者の撮影をするのですが、普通は「組写真」になります。つま

りポスターのなかでは2人一緒にいる場合でも、そう見えるように、1人ずつ個別に撮影します。

撮影は、大変神経を使う仕事なのですが、スタジオは薄暗い中で、BGMを流して雰囲気を盛り上げ、撮影スタッフと皆で出演者の気分をリラックスさせつつも、的確に作品の世界へ導きます。スタジオは緊張のなかにも、新しい作品の世界を初めて垣間見ることができますから、撮影が進行するにつれて、なんとなくワクワクするような気分になります。ここから、作品創りの具体的な第一歩が始まったためなのです。

このときは、出演者はまだ集合・顔合わせもしていません。普通は、前作の公演中です。にもかかわらず、意識を次の作品に向けてもらう訳ですから、この段階では演出家よりも作者の神経の方が勝っている状態でしょうね。扮装した姿を見て、作者としてのイメージを修正することもあります。そして、撮影した写真家が選んだ多くのポジから、どれを使うかを決定するのは、演出の仕事で責任です。

この後、ポスター・車内刷り・チラシのゲラ刷りを確認して、阪急電車の全駅、全車両はじめ、あらゆるところへ発送されます。枚数は膨大な数になります。

（3）スタッフとの打ち合わせ

一方で、スタッフとの打ち合わせも進行します。多くのスタッフの協力が必要ですが、やはり舞台装置と、衣装デザインの打ち合わせが、先行することが多いです。

それは制作現場へデザイン画を提出して、制作方法・材質などの指示・要望が圧倒的に多いということ。これら舞台装置、衣装などの制作現場は、それぞれが分業になっていて、それぞれが関連しているために、早めのスタートが必要なのです。

（4）衣装の分業

　衣装については、男物・女物・洋服・和服はもちろん、帽子・靴・着付け・飾り・材質・縫製、それぞれが分業です。皆さんも外出するときには、下着、上着、時にはセーター、コート、靴下、帽子、靴、スカーフ、手袋、ベストなど、季節・場所・行事に応じて、考えねばならないのは大変ですね。

（5）舞台美術のデザイン

　舞台美術のデザイナーには、装置・衣装ともに、まずは作品の要件・条件を踏まえた、簡単なラフ・スケッチを描いてもらいます。全体の色彩、スタイル、場面毎のチェックから始まります。これが、レビューやショーの場合は、芝居もの以上にもっと大変な作業です。その理由は、芝居はよくも悪くも「理屈」があります。芝居の理屈とは、この時代の、こういう場所の、この地位の人は……、という具合に「知識・時代考証」で、トーンを決めることができます。

　しかしショーの場合は、その拠り所がありません。したがって「お国めぐり」でした。その理由は、観光旅行なら名所旧跡の絵を描いていれば、場面のムードは決まる。民族衣装なら時代が変わっても、そう大きな変化はない。その通りです！　『モン・パリ』のタイトルなのに、巴里の場面は旧オペラ座の前だけ……。それでもいいのです。ポイントは別のところに、珍しい音楽や歌、新しいダンスにあるわけですから。

　装置の場面のスケッチ・絵も大切ですが、同時に「平面図」も大切です。これは客席からはあまり気にならない物の寸法をチェックするためのものです。「平面図」は舞台の空間を、上から見下ろしたもので、階段の幅や橋の長さ、高さなどが確認できる図面です。この図面に、宝塚歌劇ならではの「サイズ」が、宝塚歌劇の常識として登場します。

第6章　宝塚歌劇の演出技法　145

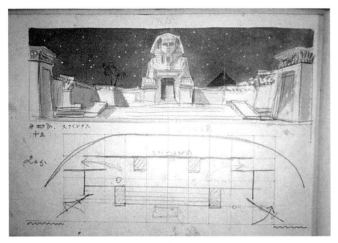

図6-2　「スフィンクス」
打ち合わせ用スケッチ

(6) 寸法とサイズ

「サイズ」表というものを、衣装部は把握しています。これは各出演者の体のサイズをメモした表で、初舞台のときにまず提出して、その後、臨機応変に変更が加わります。衣装を制作する上で必要な、いろいろなサイズがメモしてあります。もちろんこれは部外秘です。

部外秘ではない「サイズ」もあります。それは「階段のサイズ」です。イメージしてください、階段には足を乗せる面「踏みヅラ」と、一段上がるための側壁「蹴上」とがあって、そのような箱を積みあげて、一段ずつ踏んで、上がったり下りたりする仕掛けです。皆さんのお宅にも、階段はあると思いますので、一度、上り下りしてみてください。その動作を、舞台でスムースにかっこ良く見せねばならないわけです。

そこで考えられたのが、踏みヅラ八寸、蹴上六寸のサイズでした。それは出演者がすべて女性ということから、試行錯誤の結果として、定式になったものです。靴のヒールが、高いということも影響してい

ます。宝塚歌劇以外の舞台では、蹴上の寸法はもっと高いです。しかし、先輩のみなさんの工夫で、基本的に宝塚歌劇の階段のサイズは、こうなっています。こういう宝塚歌劇ならではの定式も覚えねばなりません。

特に舞台装置は、基本的なものさしが、メートル・インチではなく、尺貫法です。微妙な寸法を考慮する仕事のわりには、1単位がおよそ3.3cm、一寸刻みで動くところがおおらかですね。しかし、大劇場の寸法は、間口10間です。全体のバランスを考えるときには、先輩たちが割り出してくれた、歌劇の「黄金率」を使わせもらった方がいいでしょう。この「黄金率」のようなものは、劇場の広さをどう捉えるかで、効果が変わります。

「劇場の広さ」というのは、空間を立体で、3Dで捉えるので3つの寸法が必要です。

まず舞台の横幅の「間口」。これは客席から見て、横長の舞台空間を支える両端（大臣柱）間の距離です。実際には袖幕が舞台に張り出していますから、「間口12間、実寸10間」のようないい方をします。そして「高さ」。「タッパ」といいます。普通は舞台の床面から「文字幕」までの距離、または床面から「美術バトン」の定位置のことをいいます。

だいたい24尺か21尺、または18尺の劇場もあります。それにホリゾントまでの「奥行き」。これも照明設備の条件で、実寸九間というようないい方をしますが。これら「間口」「タッパ」「奥行き」の3つのことを「劇場の広さ」といいます。

空間が大きいほど、大きい作品ができるわけです。ただ、使い方によっては「劇場の大きさ」に飲まれて、作品が小さく見えてしまうこともあります。大劇場公演では「やっぱり大劇場って大きいな」と観客に思われたら、その作品は失敗、ということが多いですね。観客は大劇場を見に来たのではなく、上演される作品を見に来たはずですか

第6章　宝塚歌劇の演出技法　147

ら。「大きい作品だ」とか、「出演者が大きく立派に見えた」といわれ
て当たり前なのです。

（7）見えない部分を見る

　劇場には、舞台だけでなく、客席からは見えない部分、袖、奈落、
簀の子などがあります。こういう場所をうまく利用すれば、それによっ
て舞台面の効果が、変わることもあります。「立面図」「平面図」など、
あらゆる図面のチェック、見方を研究して、それらを味方につけるこ
と。じっくり図面を見ていると、思いがけないアイデアが浮かぶこと
があります。劇場が教えてくれるのです。「カゲ段」の類がそうです。

　「カゲ段」とは、文字通りカゲにある階段で、客席からは見えませ
んし、また見せてはいけないものです。これを置く空間をどうするか？
大階段を例にすればわかりやすいと思います。あの階段の上にどう
やって出ると思いますか？　「カゲ段」を上がっているのです。です
からカゲ段がセットされるまで、ラインダンスなり、デュエット・ダ
ンスなどで、その時間を作るわけですが、肝心なのは、袖中に「カゲ
段」を置くスペースがないと何もできないということです。こういう
見えない部分のチェックも仕事です。

　また、こういう基本的な寸法「サイズ」は、体で覚えると便利です。
普通に歩いて、何歩で何尺とか。椅子に腰掛けると、だいたい横幅二
尺ですから、3人だと最低一間は必要。しかし絵面は、通勤電車状態
になるから、もっと横の空間がある方が……。するとこの場面の装置
は……。という具合です。図面を見て、実際の舞台を見ている観客の
気分を、またその場面に出ている出演者の気分を、イメージできるよ
うにせねばなりません。

　大劇場には、大階段・セリ・盆・銀橋・花道などなど、豪華な設備
が備わっています。旧大劇場には「八百屋」という固定のスロープも
ありました。プロセニアムに沿って「金橋」もありました。こういう

設備は、劇場によってさまざまです。

演出が、これらの設備の「可動時間」を知ることは大切です。盆が半回転するのにおよそ30秒ですから、ワルツ・テンポで、およそ24小節かかる、すると主役のカップルが正面を向くためには、歌う長さ・寸法をどうすればよいか……、という具合に計算します。こういう計算を元に、曲の構成を考えて、振り付けに音楽を渡すように考えるのです。

また、セリの条件はいろいろです。使い方も、奈落（舞台床の下）からセリ上げをするためには、その前に使用するセリを、「カラ下げ」しておかねばなりません。それには13秒ほどかかりますから、そのあいだは、セリの上はもちろん、付近には誰も居ないようにせねばなりません。また、舞台面より高く上げるにはセリ中に「引き枠」を組み込んでおかねばなりません。「ねばなりません」だらけですが、「演出効果」を狙うには、事前の仕込み、計算をしっかりしておかねばなりません。

また、「高さ」には、宝塚独特の意識が必要です。たとえば「ドア」。開けるのに、押すか引くかはどちらが効果があるか、ですが。ドアの「高さ」は、出入りがあるなら、靴のヒール・頭の飾り被り物・カツラの高さなどを考慮するのは絶対に必要です。幅についても同じで、衣装が時代劇の「枠入りスカート」なら、片開きより観音開きの方が絶対に安全です。

より良い効果を出すための「打ち合わせ」です。演出はまわりのスタッフの協力のおかげで、作品が仕上がっていくということを絶対に忘れてはいけません。演出は、カンナをかけるどころか、釘一本まともに打てなくても構いませんが、謙虚さを忘れないようにせねばなりません。

（8）製作予算の配分

　あらゆるものに、「製作予算の配分」があります。その範囲内で、公演で必要なものを製作する訳ですから、これら予算の確認もふくめての「製作会議」が、デザインが出揃って、現場スタッフの製作費用の計算が仕上がって始まります。俗称「カット会議」です。本来は製作のための打ち合わせなのですが、ある頃から、「材質・数などをカットされる」ので、皮肉をこめて「カット会議」と呼ぶようになりました。「カット会議」の目標金額は、初めから提示されることもあれば、とりあえず会議をスタートさせる場合と、いろいろです。とりあえず会議をスタートさせる場合は、目標とあまりにもかけ離れた金額が計上されたときです。とにかく、全体の公演予算は決まっているわけですから、何とかせざるを得ません。妥協することも必要です。金額と製作日数と、いろいろな面を付き合わせて、なんとかする。妥協はより良い作品にするためであり、諦めるのではありません。新調の衣装は後々、歌劇団の財産として残るのですから、なんでもカットしていては、財産はできません。こういう難問をなんとかするのも演出の仕事なのです。

3　「現場」での作業

（1）演出者の音楽性

　会議を進めながら、スタッフ打ち合わせも進行します。もう一度言いますが、宝塚歌劇は音楽劇です。肝心の音楽をどう扱うか。実際の作曲・編曲は担当の作曲家にお願いする訳ですが。それは前述のとおり、「演出の音楽性」が芯になるわけです。

（2）「音楽」の使い方

　では劇中に、どんな音楽が必要かを並べてみましょう。まず「主題歌」です。かつては公演レコードといって、前物とショウのそれぞれの「主題歌」を録音して、販売していました。まず「主題歌」のメロディができれば、ソロ歌として形にします。そして主役男女のデュエット用に編曲して、また間奏も追加してダンスもできるようにする場合もあります。幻想場面にはバレエも入りますから、「主題歌」を使って、幻想シーンの音楽へ発展する変奏曲も作ります。とにかく「歌・ソング」はセリフを百万言しゃべるよりも、だんぜん大きなイメージとメッセージを届けます。主役以外でも、必要に応じて「ソング」を使えれば、より作品は楽しく、音楽劇らしくなります。

　「ソング」の効果のうちには、「合唱の効用」というのがあります。単純にいえば「合唱」をうまく使えば、より印象的な場面になる、ということです。これは純音楽での「歌劇・オペラ」では、当たり前によく使われます。それに「重唱」という歌い方、幾人かが集まって、それぞれの心情を、思い思いに歌い始めるような場面。歌詞はバラバラで、メロディも異なっていますが、それで音楽的には統一されて、「曲」になっている合唱・重唱場面。そういう場面の計算も必要です。モーツァルトのオペラ・ブッファ「フィガロの結婚」の、最後の六重唱などが良い例です。

　また、大劇場は広いので、「登場の音・出の音」は必要です。これは登場が華やかになり、作品が大きくなる効果もありますから、使った方がいいでしょう。花道からの登場などの場合、本舞台までは相当な距離があります。その隙間の埋めにも必要です。反対に「退場・引っ込みの音」も、同じ意味で必要です。でなければ、引っ込みのあいだが持たないために笑う、出演者の「意味のない笑い」だらけで、うるさい舞台になります。

場面の雰囲気を盛り上げるために「BGM（バック・グラウンド・ミュージック）」もあっていいでしょう。しかしありすぎると、音楽がうるさくて、邪魔になってしまうこともあるので、その点は注意が必要です。こういう音楽は、うまく使えば、作品をより大きくして、観客が場面へ没入するための、いい雰囲気を作ってくれます。

ほかにも「場面転換の音楽」があります。これは文字通り、場面の転換、装置を変えるための時間をつなぐ音楽です。その時間は、ふつうは暗転中ですが、そのあいだも芝居の雰囲気をキープしてもらうためによく使われます。

この音楽は、物理的な「場面転換」はなくても、「場面の、空気の転換」をしたいときや、観客に一息ついてもらいたいときなど、そんなときにも使えます。実はこの音楽は、ある種の隠し味で、この音楽によって、芝居全体のリズムを生むことがあります。うまく使えばその効果は絶大で、作品のグレードを決定するほどの演出上のテクニックといえるのです。

斯様（かよう）に音楽を使用する劇・音楽劇は、「音楽の使い方」をよく考えて作ることが大切です。だいたい宝塚歌劇でないオリジナルの「音楽劇」の多くは「音楽の種類」が、全体的に少ない気がします。これも演出の音楽性の違いでしょう。元々の音楽性の有無の問題でもあります。ですから「音楽劇」に慣れないうちは、無理にでも「出の音」「退場の音」「場面の終わりを告げるエンディング」「エンディングから場面転換の音」などを、出演者の集合までに作っておいても良いでしょう。実際は、稽古に入ってから、場面ごとに、その場面に合うかどうかを確認して行きますから、事前に作っておいた方が時間の節約になります。

音楽が入った芝居は、昔は「メロドラマ」、メロディ入りのドラマといわれ、演劇的には、幼い手法と見られていました。確かに、誰にもわかりやすい、単純な素朴な作品が多かったことも確かです。しか

し、現代の演出は音楽の効果的な使い方と、それによって演劇性もレベルアップするように考えねばなりません。とりあえず歌が、ダンスがあれば、音楽劇ではありません、ただの歌入り芝居かも知れません。音楽の相乗効果も高揚感も、何もない作品になってしまうのは、演出の責任です。

（3）ダンスと振付

　曲ができると、ダンスの打ち合わせが具体的に進みます。そのとき、音楽劇のダンスと、ショーダンスとの違いを、演出は意識せねばなりません。

　まずショーダンスの特徴は、演劇的な理屈にとらわれない点が魅力です。衣装・役柄の縛り・地方色などの条件には無関心でいいのです。それより視覚的な効果、カタルシスが目標です。しかし劇的内容がいらない訳ではありません。その点が難しいのですが、音楽劇でのダンスは、物語に縛られた条件があります。こんなことがありました。むかし、宝塚歌劇の日本物の台本で、最後に主役が扇子を持って踊る場面がありました。ところがこのときに、主役の方が、「役は木こりだから、木こりが扇子を持って踊るのはおかしい」とクレームを付けられたのです。これは理屈に合っています。この時の主役は宝塚歌劇の至宝と謳われた天津乙女です。しかし天津乙女がラストに、手踊りで終わるということは絶対にできません。それで、困り果てて提案しました。「では、新しいお館が建ったお祝いの席なら？」「それなら扇子は持てる」「じゃ、お願いします」。大喜びで、台本は書き直しです。この作品の眼目は天津乙女の踊りなのですから、書き直しは当然です。これが宝塚歌劇なのです。

　宝塚歌劇でおなじみの幻想場面への飛躍でも、観客は芝居の延長線上という意識で見ます。したがって、主人公の、より内面的な葛藤を表現する点がポイントになります。

ダンス場面のもろもろを、演出がどこまで振り付けに要求するかは難しいのですが、要求するのも演出の仕事です。演出が意識せねばならないのは、ダンスの全体の構成です。

基本的には、構成は振り付け担当の作業になります。計算せねばならないのは、「マスの動き」の効果などさまざまです。これは宝塚歌劇ならではの楽しさがあります。また「ユニゾン振り」と、「総踊り」との違いも認識せねばなりません。登場人物が全員、同じ揃い振りもありますが、それだけだとただの「ユニゾン振り」です。「総踊り」は、登場人物がそれぞれ、振りは異なっても、マスの勢い・そのエネルギーを効果的に表現するダンスのことです。

舞台のエネルギーを表現するための、さまざまな身体表現のテクニックも必要です。そのために出演者はレッスンを重ねています。そのトレーニングの成果を発揮できる場面を作ってやることも大切なことです。ダンスにはいろいろな設定があります。それをうまく使えば、予期した以上の効果が生まれることもあります。たとえば舞踏会の場面では、踊るカップル、主役の2人を見る貴族・貴婦人、廷臣たち、衛士たちがいます。しかし彼らは一緒には踊りません。だからこそ華やかさが助長されるわけです。

有名な逸話をもう1つ。昔、東宝の演出家・菊田一夫が宝塚歌劇の作品を何本か演出したとき、菊田が「なぜか作品のスケールが大きくならない、なぜかな?」。それを聞いた高木史朗が「それは舞踏会の場面がないからや」と答えました。宝塚歌劇のダンスの効用を見事に指摘した名言です。

やがて衣装の、新調・有り物が決定します。そして「有り物出し」が始まります。これは全ての衣装を、誰が・どの場面で着るかを、演出家が決定する作業です。この作業の頃には、いよいよ稽古が始まるというムードが溢れてきます。ここまでが、演出の「集合」前の仕事です。

154 第2部 宝塚歌劇

（4）集合・香盤発表

　宝塚歌劇では、出演者全員が集まるのを、「集合」といいます。単純明快ですね。この日が、やっと稽古初日になります。また「香盤」という、出演者が、自分はどの場面に出ているか、何の役で出るのかを一覧できる出番表を、公式に発表します。この「香盤」は、舞台美術と並行して重ねてきた、音楽・振り付けスタッフとの打ち合わせで決定した、各場面の「出演メンバーの一覧表」です。これから販売用のプログラムも作られますから、とても重要なものです。それを基本に、各場面ごとの出演者をメモした「書きぬき帳」もあると現場は便利です。こうして、演出はようやく事務作業から解放されて、具体的に出演者と向かい合うことになります。

　「稽古スケジュール」は、歌劇団の行事・各スタッフの条件・日程から、まず決めて行きます。この稽古の進め方も、よくよく考えねばならないことがあります。それは初日へ向けて、出演者のモチベーションを、徐々にでも確実に上げて行くための計算です。

（5）稽古する理由

　その理由を演出は理解しておかねばなりません。実は「集合」までに、出演者はいなくとも、ほとんどの段取り、作業予定は仕上がっています。あとはそれらの要件を、出演者に手渡すだけなのですが、やっと一番大切なこと、具体的な作品づくりのための、具体的な稽古が始まるわけです。そこで徹底することは、まず出演者に上演の意義を意識してもらう、そして出演者に作品の内容を理解してもらうことです。そのために本読みをして、より内容を、役を詳細に説明して、作品の世界へ入ってきてもらいます。そうして立ち稽古になりますが、この稽古も、より作品を、役を、場面の空気を知って、それに同化してもらうためのものです。そうするうちに、「演技スタイルの統一、場面

第6章　宝塚歌劇の演出技法　155

の色を表現、表現テクニックの向上」を目標に、稽古を進めることが
できます。ここは「してもらうコト」ばかりですが、実際、舞台に出
る出演者たちが、まず理解できなければ、何も始まりません。「して
もらうコト」は大切なのです。

　そこで「稽古スケジュール」の計算ですが、音楽劇は音楽があるか
ら成立します。つまり「ソング」と「ダンス」は、出演者にとっては、
役作りの大切なヒントになります。そこで立ち稽古と音楽、ダンスの
稽古とを並行するように組むことがスケジュールのポイントになりま
す。歌の稽古、ダンスの振りがついて、やっと役の輪郭は完成する訳
です。

　稽古が始まるまでは、いわば「空間芸術的な作業」を進めてきまし
たが、稽古が始まると、上演時間など、実際的な「時間芸術的要素」
が加わります。

　立ち稽古で、すべての「動線」が決まれば、登場の音楽、BGM、
エンディングなどの音楽の寸法、ニュアンスが決定できます。「衣装
合わせ」をすれば、より役の内面をキャッチできます。そうして集合
前に準備した、いろいろなジャンルの作業を、確認しながら、出演者
とともにより高い位置へ、技術的にも精神的にもグレードを上げてゆ
くための稽古を積み重ねます。

　この段階で出演者が、グレードを上げることに集中しすぎると、内
面性より外面へ意識が傾くことがあります。これを矯正することも大
切です。

　わかりやすくいえば、コメディの笑いの狙いですね。笑いのみを意
識しすぎると、「やりすぎ」に陥ることが、たまにあります。常に、
宝塚歌劇の誇りである「舞台の品格」を意識していますが、技術の追
求のみに傾くと、往々にして、脱線してしまう危険性があります。こ
ういう点が宝塚歌劇の、不思議な特徴というか、見ようによっては、
甘さといわれる点かも知れません。

（6）客観的な姿勢で

　常に演出は、客観的に作品と出演者を見る姿勢が必要です。実は作品は「集合」前に50%はできていて、それから本読み・荒立ち、そしてソング・ダンスがついて、これから演出のイメージを具現化するための、修正と確認の積み重ね、という稽古になります。

　「集合」から2週間で、60%は完成です。3週間目からは、振り付けもほとんど完成して、「稽古へのより高い集中」が要求されます。出演者は台本を離して、全体のテンポとリズムを明確に、音楽処理の効果の確認、各場面の空気のチェックを繰り返し、4週間目には本番と同じく、出演者も舞台をはっきりイメージして、装置・照明・衣装など舞台美術の効果を確認してゆきます。音楽が初めて耳に聞こえるのは「オケ合わせ」の作業で、本番通りの音楽が演奏されます。

　そしてやっと舞台稽古です。衣装をつけ、メイキャップもして舞台美術の大きな効果である照明を決めて行きます。音響のチェックも進み、演奏方法のチェックもあります。あちこちで確認です。暗転中の安全確認もして、初日前の最終確認作業の「舞台通し稽古」で、やっと演出の作業は終了です。

　「ではみなさん、初日、がんばってください。お疲れさまでした」。ガナリ・マイクのスイッチは、演出が自分で切ります。

　これで「宝塚歌劇の演出」を、なんとかやれると思います。いかがですか、やってみませんか？

第7章

宝塚歌劇の作品と「主題歌」
劇場・公演形態・出版楽譜を通して

阪 上 由 紀
(関西学院大学大学院 研究科研究員)

はじめに

「宝塚歌劇」と聞くと、どんなイメージを連想するだろうか。実際に見たことがない人でも、豪華絢爛で独特の世界観を持っていると思う人は少なくないだろう。確かにそのイメージも宝塚歌劇の一部である。しかし一口に宝塚歌劇といえども、100年を超える歴史のなかで、その作品はさまざまな試みとともに変化を遂げている。特に公演形態と作品のジャンルには、時代に即した宝塚歌劇の志向を見て取ることができ、その変遷はとても興味深い。宝塚歌劇が日本で初めてレビューを取り入れたことはよく知られているが、このレビューというジャンルも唐突に現れたものではないのだ。作品を順に追って見ていくと、宝塚歌劇の上演のかたちが変わるなかで必要とされたものであることがわかる。本章では時代ごとに変遷する宝塚歌劇の作品（以下、タカラヅカ作品）に注目し、劇場や観客、出版物など、作品を取り巻く状況を確認したいと思う。

1　大正期

宝塚少女歌劇の第1回公演の演目はよく知られているように、歌劇『ドンブラコ』、喜歌劇『浮かれ達磨』、舞踊『胡蝶』、そして管弦合奏と

合唱である。大正年間はこの第1回公演をお手本にした作品選びがなされており、歌劇、喜歌劇、舞踊というジャンルのほかに、お伽歌劇、ダンス、バレエ、舞踊劇といったジャンルの作品を見ることができる。1年目の1914年は年3公演、2年目以降は日数に多少の前後はあるものの、1月1日に始まる正月公演、3月20日から5月20日までの春季公演、7月20日から8月31日までの夏季公演、10月20日から11月30日までの秋季公演という年4公演のスタイルが、組分けが行われる1921年までとられていた。このほかにも地方公演や東京公演、四公演の期間以外の日曜、祭日、月の1日と15日の公演、また個人の祝いごとの席での舞台といった依頼公演もおこなっていたようだ。

　1918年の7月公演までは、既製作品を使用した第1回公演を除いて、作品の細かいジャンル分けがほとんどされていない。歌や科白の入っている歌劇か、踊りのみの作品かという程度の分け方しかされていなかったようである。それが同年秋季公演の『馬の王様』⁽¹⁾より「お伽歌劇」という言葉が冠されるようになり、一様に歌劇といわず、お伽歌劇、喜歌劇、歌劇といったジャンル分けがされるようになっている。このジャンル分けには厳密なルールが存在するわけではない。しかし作品の内容から、主におとぎ話や昔話といった説話をモチーフとした子供向きの作品をお伽歌劇、比較的軽い内容の風刺ものやコメディ作品を喜歌劇、それ以外の作品を歌劇と冠していたと思われる。宝塚が少女歌劇として始まった大正期にはこのお伽歌劇がたくさん作られており、人気を博していた。

　　御覧の通りいつもいつも歌劇場が大混雑を致しますので、なんとか改良しなくては困る、もつと気楽に、そうして静粛に見物するやうにして欲しいと云ふ御注文は誠に無理からぬお話で、勉めてご希望に添ひ度いものと、いろいろ苦心いたしました結果、一部二部に別けて、其収容力を増加して混雑を防ぎ、一面には、従

来公演して来た歌劇のほかにお伽歌劇気分のものを主とした一組を新に設けることにいたしました、［中略］お伽歌劇の方は「ゴザムの市民」や「三人蝋師」や「雛祭」程度の無邪気な材料と、教訓的童話のやう種類を選んで試みやうと考へて居るのであります[(2)]。

　これは創設者小林一三の言葉である。1921年に同日上演の作品が1部と2部に分けられて公演された。1部は歌劇・喜歌劇・舞踊を中心とした歌舞伎などの旧劇寄りの内容のもの、2部はお伽歌劇と喜歌劇を中心とする素朴な内容のものが公演された。増加する観客に対応しなければならなかった状況下で、1部を比較的芸術志向の強い作品に、2部を比較的娯楽志向の強い作品にして観客の分散を試みたのである。1部は1919年に少女歌劇のために新しく建設された公会堂劇場で公演され、2部は公会堂劇場開場以降ほとんど劇場としては使われなくなっていたパラダイスで公演された。

　このジャンルを分けた上演の2部制は賛否両論の大きな反響を呼んだ。2部制の導入は新しい試みとしておおむねにおいて好評だったものの、ジャンルを分けたことによる2部のお伽歌劇の脚本の稚拙さと、あからさまな客入りの違いへの批判も多く見られた。この頃、宝塚少女歌劇は新たな作品を次々に生み出していたが、その作品数の多さゆえのマンネリ化やいきづまりが再三指摘されるようになっていた。またこの2部制でジャンルを分けたことにより、当時の宝塚少女歌劇の問題点と方向性についての論議が専門家や劇団内だけではなく、観客のなかから沸き起こってくるのである。

　こういった経緯を経て2部制がとられたのと同年9月20日の公演より、宝塚少女歌劇は花組と月組に生徒を分け、それぞれがひと月ずつ交互に公演をおこなうようになった。2部制の1部を花組が、2部を月組が引き継ぐこととなった。このとき、正月公演、春季公演、夏

160　第 2 部　宝塚歌劇

季公演、秋季公演の年 4 回公演から、それぞれの公演を春季（第 1 回）公演、春季（第 2 回）公演という風に銘打ち、倍の年 8 回公演がおこなわれるようになった。その後、雪組が設立された翌年の 1925 年には、毎月 1 日に新しい公演が始まる年 12 回公演が採用されるようになる。こうして現在にも続く、コンスタントに歌劇を公演し続けるシステムの礎ができ上がるのである。

　大正期の宝塚少女歌劇の公演では、最初の 2 年と正月公演を除き、1 公演中に 3-6 作品を組み合わせて上演するのが通例となっていた。⁽³⁾この頃の作品の上演時間は、「一、当歌劇団上演に適する一幕又は二幕もの（三十分以上一時間以内）⁽⁴⁾」という脚本募集の記事に見られるように、作品規模にある程度の基準が設けられていた。作品規模により多少の長短はあったと思われるが、公演全体としてはおよそ 4 時間半、作品がそれぞれ 35-40 分、幕間がそれぞれ 20-25 分というのが当時の上演時間の典型であったといえる。⁽⁵⁾こうしてみると大正期は、観客の動向に即した試行錯誤を繰り返し、作品ジャンルと公演形態について、いくつかの型を定着させていった時期といえるだろう。

　さて、上演されていた作品の内容であるが、それは日本物から西洋の題材を扱ったものまでさまざまである。日本物のなかには『浦島太郎』や『竹取物語』、『猿蟹合戦』『一寸法師』といった説話やおとぎ話を描いたもの、また『厩戸王子』や『静御前』、『牛若と弁慶』などの歴史上の人物を扱ったものが見られる。これは西洋物にもいえることで、説話やおとぎ話の類では『アラビアンナイト』や『ヘンゼルとグレーテル』などが、歴史ものでは『クレオパトラ』や『ジャンヌ・ダルク』などが挙げられる。現在では男役が必ず主演であるイメージが強い宝塚歌劇であるが、大正期の作品では特に主人公の性別は固定されておらず、女性が主人公のものや、複数人が主になる作品も多く見られる。楳茂都陸平（1897-1985）が「其年の秋に初めて私の処女作『屋島物語』と言ふ例の長唄の『八島官女』からヒントを得たもの

を歌劇に書いてみたのであります。[6]」と述べるように、タカラヅカ作品には別の作品から何らかのヒントを得て作られたものが多い。『お夏笠物狂』や『新道成寺』などの歌舞伎の題材を扱ったもの、『世界漫遊』や『守銭奴』といった海外の戯曲や文学作品を扱ったものも見られる。もちろんまったくの創造の作品も少なくないが、多くの作品にはモチーフとする物語があるようだ。登場人物は素朴な作品に愛らしい役どころが多く、この頃の作品には被り物や着ぐるみを着た動物や、女神、妖精などの役が多く登場する。

　　歌劇から恋の言葉を抜き、コミックから恋の言葉を抜くとお伽歌劇になる。——これは定義でもなんでもないが、従来の宝塚のお伽歌劇にはかうした内容に舞踊と色彩を縫ひつけた物が多くはなかつたかと思ふのである。ただ歌劇の輪郭を子供の世界らしく飾つたゞけの話である。[7]

　このように評されるように、大正期のタカラヅカ作品の物語には恋愛的な要素は少なかった。温泉場の余興の色が濃い草創期の宝塚では家族連れや子供の観客も多く、老若男女が安全に見ることができるもの、という方針があったからである。またそれと同時に、幼い少女たちが情熱的に愛を語り合うことに違和感を覚えることもその要因であった。宝塚少女歌劇が恋愛ものを扱うことは好まれなかったのである。1921 年頃には恋愛の描写をする作品が増えてきたようであるが、やはり好ましいものとは受け取られていない。恋愛ものを扱う場合でも、リアルな恋愛感情表現や男女のやり取りを表す科白やト書きはあまり見られない。恋愛のリアルな描写は少女歌劇には求められてはおらず、むしろ排除すべき対象として見られていたのである。
　また喜劇志向の強い大正期の多作作家の 1 人である坪内士行（1887-1986）は喜歌劇の内容について、風刺などの攻撃性を持たない罪のな

162　第2部　宝塚歌劇

い滑稽さ、害のない面白さを目指す発言をしている。[8]要するにどんな
状況の人でも作品を選ばず、誰とでも害なく楽しめる内容のものが求
められていたのである。恋愛要素の有無や攻撃的な滑稽さを加味しな
いことには、少なからず演者が少女であるということが考慮の内に
入っている。体格や技能といった実質的な制限のほかに、演じ手が少
女であるというイメージに合わせた作品づくりがなされていたことが
うかがえるのである。

　音楽学校の設置や劇場の建設などにより徐々に技術的な内容も充実
させていくのであるが、発足当初の素朴な歌劇をやっていた頃の宝塚
少女歌劇は、次の引用に見られるように関西弁が丸出しであったり、
舞台上で笑ったりおしゃべりしてしまうなど、魅せる芸事としては拙
い印象のものであったこともその内容と併せて考慮しておくべきだろ
う。

　　然し御世辞のない処、当時の宝塚は今日から見れば頗る幼稚な
　ものであつた、音楽に於て、演技に於て、舞台装置に於て……。
　就中台詞の抑揚とアクセントの関西弁丸出しには少なからず弱ら
　された事を今でも記憶する。[9]

2　昭和前期（戦前）

　昭和に入り、宝塚少女歌劇の作品のジャンルは大きく変化する。先
程も述べた通り、1921年頃から作品のマンネリが徐々に指摘される
ようになり、その声は昭和に入ってからも相変わらず宝塚少女歌劇の
課題として挙がっていた。特にお伽歌劇の分野において脚本の駄作を
叫ぶ声が多く聞かれ、1926年10月には「お伽歌劇懸賞募集」という
記事を出し、お伽歌劇にジャンルを指定した脚本募集もされている。[10]

第7章　宝塚歌劇の作品と「主題歌」　163

　お伽歌劇は1921年の組分け以降、宝塚少女歌劇の1つの方向性とし
て力を入れてきたジャンルであったが、同一作者による作品の量産に
より、その内容は停滞していると見なされていた。「宝塚少女歌劇は
行き詰った[11]」ともいわれ、大正時代後半から昭和に入る頃、宝塚少女
歌劇は定型化してきた作品そのものに何かしらの変化を求められてい
た。

　また1924年に新しく開場した宝塚大劇場も作品に変化を求める要
因の1つであった。4000人の収容が可能な宝塚大劇場は当代一の大
劇場と称される規模を誇っており、従来の作品をそのままやるにはそ
の規模ゆえの無理が生じていた。こういったあらゆる方面で規模が拡
大した事情から、宝塚少女歌劇は新しい舞台芸術を模索していた。

　小林一三の国民劇構想の中心には大劇場主義があった。その大劇場
に適した作品の条件として、舞踊が中心であること、西洋音楽が中心
であるとこ、新しい舞台形式であること、この三点が挙げられている。
このことは小林一三の主張のみではなく、観客から寄せられる投書の
なかにも見られることである。特に舞踊を中心とした方向へ向かうこ
とは、楳茂都陸平が発表した『春から秋へ[12]』の成功の後に特に高まっ
ていた声だった。こういった機運と小林一三の構想と合致し採用され
たのが、レビューである。

　レビューとは、歌・踊り・寸劇などを組み合わせたフランス発祥の
舞台芸能のことで、19世紀末から20世紀にかけて欧米を中心に流行
したものである。華麗な装置と衣装、群舞、スピーディーな場面転換
などを特色とする娯楽的な要素の強いショー形式のものだ。このレ
ビューという舞台形式を、宝塚少女歌劇は初めて日本に持ち込んだ。
1926年1月7日、新しい芸術・芸能文化を求めて、宝塚少女歌劇団
座付演出家の岸田辰彌（1892-1944）が欧米遊学に出発した。岸田は
もともと浅草オペラで歌手として活躍していた人物であり、帝国劇場
歌劇部でジョヴァンニ・ヴィットーリオ・ローシー（Giovanni

Vittorio Rossi、1867-?）の指導を受けている。小林一三が作った男子養成会のメンバーとして宝塚を訪れ、その後座付の脚本家となった。新聞記者で実業家の岸田吟香（1833-1905）は父親、洋画家の岸田劉生（1891-1929）は辰彌の兄である。岸田辰彌は1919年7月30日に宝塚音楽歌劇学校の教師として宝塚に入団し、欧米遊学に出発するまでの約7年間に、喜歌劇を中心とした34作品を発表している若手の主力脚本家であった。岸田はおよそ500日の洋行を終え、そのわずか3カ月後の1927年9月1日の花組公演で、帰朝第一作として日本初のレビュー『モン・パリ』[13]を上演した。

　　モン巴里は岸田先生のお土産興業として大成功の賞讚の声に充ちてゐる、宝塚少女歌劇の行く道は、此種の出しものによつて、不断の繁栄を期待することが出來るだらうと批評されてゐる。[中略]男声を採り入れることによつて、向上し開展すべきものと批評されてゐた、宝塚少女歌劇は、私が大劇場設立の時から主張し、高唱して来た、舞台装置芸術の確立を基礎として、団体的行為と動作のハーモニーによつて新しい劇が生れ得べきもの——といふ空想は「モン巴里」の試みによつて、それは空想でなく、あり得べき否な寧ろ是非共採用して進むべき一つの形式劇が続々と公演せらるべき運命となつたことを心強く思ふ[14]

　これは『モン・パリ』が公演された翌月の『歌劇』に掲載された小林一三の言葉である。『モン・パリ』の成功を喜ぶとともに、レビューが大劇場に適した宝塚の進む方向性であることが記されている。
　『モン・パリ』は当時の欧米で主流となっていた筋のないレビューとは違い、しっかりした物語を持つものであった。短時間に多くの場面を変化させるシステムをとっていることと、『モン・パリ』が岸田自身の欧米遊学を回顧するというレビュー本来の意味を持つ内容の作

第7章　宝塚歌劇の作品と「主題歌」　165

品であることから、『モン・パリ』はレビューといって差し支えない
のだと岸田は言っている。[(15)]

　大好評を受け、レビューに関しては興業日数を延ばすという形がと
られるようになった。従来の宝塚少女歌劇では1つの公演におおよそ
5作品が上演され、その作品がすべてひと月ごとに入れ替わり、新作
が発表されていた。旧作の再演もごくわずかである。『モン・パリ』
もその例にもれずほかの作品と組み合わせて上演されたのであるが、
同時上演の作品のなかで『モン・パリ』だけは2カ月間上演された。
規模の小さなレビューは例外的にひと月しか上演されないものもあ
り、作品の人気の有無が上演期間に影響したこともうかがえるが、『モ
ン・パリ』登場以降レビューに関しては2カ月ないし3カ月間上演さ
れるのが通例となっていく。同時にほとんどされていなかった過去の
作品の再演上演もこの時期を境に増えてくる。

　レビューという新ジャンルの登場によって、公演形態とその作品
ジャンルは変化を見せる。『モン・パリ』が約1時間半という、従来
の宝塚少女歌劇の規格外の上演時間であったため、1公演中の作品数
が減らされた。この上演時間の長い作品を組み込んだことが大きな変
化であった。当時の宝塚少女歌劇の作品はおよそ30分から40分程度
のものが大半であり、長時間の作品は観客から敬遠されていた。理由
は、作品の間延びを揶揄する声が多かったからだった。しかし変化の
著しいレビューは従来の作品とはまったく違ったスピード感を伴って
おり、たとえ長時間であっても観客を飽きさせなかった。この成功か
らレビューは宝塚少女歌劇の作品の主力となり、作品は徐々に大作化
していくのである。『モン・パリ』の大ヒットの翌年、1928年には
白井鐵造や堀正旗といった宝塚少女歌劇の演出家たちが欧米へ遊学に
出かけ、次々とレビューを生み出した。かくして『モン・パリ』を筆
頭に、宝塚少女歌劇はレビュー黄金期と呼ばれる時期を迎えるのであ
る。

166　第2部　宝塚歌劇

　1927年に登場したレビューの作られる数が増えるにつれ、従来の主要ジャンルであったお伽歌劇は数が減り、1931年からは10年以上作られなくなる。[16]本格的な歌劇を目指す一方で、宝塚少女歌劇の向かう道として示されていたお伽歌劇指向が、レビューの登場によって大きく方向転換されたといっていいだろう。レビューが組み込まれる公演回は、レビューを最後の上演作品にすることがほとんどであり、最後にレビューを見て幕を閉じるというのが定例となっていったことがうかがえる。このことからもレビューが、取り入れられた直後から宝塚少女歌劇の大きな見せ場の作品として扱われていたことがわかる。

　作品の一本調子が揶揄されていた時期に小林一三の構想に合致したレビューは、宝塚少女歌劇に黄金期をもたらした。もともと宝塚少女歌劇が団体演技を得意としていたこと、また1924年にできた大規模な劇場と、同年にヨセフ・ラスカによって結成された宝塚交響楽協会[17]を劇団が所有していたことで、比較的複雑な作品を上演し得る土台があったことも、宝塚少女歌劇がレビューを成功させた要因であっただろう。昭和初期はそれまでの得意分野と規格を踏襲しつつ、レビューという新しいジャンルを持つことで、慣れを嫌う大衆に大きな一歩を見せた時期といえるのだ。

3　昭和中期（戦中）

　戦時期の作品についても少しふれておこう。レビューの成功を経て、1930年代後半にはグランドという冠がされる大作が増えている。それに伴い同時上演される作品数は減り、2-3作品が主流になっている。また第二次世界大戦が勃発する前年の1938年頃からは、国策漫画劇や軍国レビュー、軍国ショー、国民読本といった軍事色を匂わす作品が多く見られるようになる。1940年代に入ると敵性語の排斥が進み、タカラヅカ作品に冠される作品ジャンルからも、レビューやショー、

第 7 章　宝塚歌劇の作品と「主題歌」　167

オペレッタといった言葉は姿を消す。代わりに「国定教科書より」や
「海軍省後援歌劇」といった表記や、「婦道の鑑」といった具合に内容
を示す表記が用いられている。レビューの登場以降徐々に衰退し作ら
れなくなっていたお伽歌劇も戦時下では復活しており、お伽歌劇もし
くは童話歌劇といった名称で『桃太郎の凱旋』[18]や『東亜の子供達』[19]、
翼賛会宣伝部作による『明るい町、強い町』[20]などが上演されている。
このように国策と世相に合わせ、戦時色の強いものや日本物の作品上
演が大半を占めるようになるのである。

　洋物やレビューがまったく作られなかったのかというとそうではな
い。イタリアの童話『ピノッキオの冒険』をもとにした歌劇『ピノチ
オ』[21]や、日独伊枢軸三部作第一篇と冠された歌劇『イタリヤの微笑』[22]
など、同盟国を表する作品が少数だが上演されている。また「群舞に
よる交響詩」という冠がされた『総力』[23]のように、レビューという言
葉は使われていないが、形式としてはそれに近い内容の物が上演され
ていたと思われる。宝塚歌劇はこのように戦時色を強めながらも、大
衆に楽しみを提供することを第一に、1944 年の 3 月 4 日まで大劇場
公演を続ける。

　大劇場閉鎖後の戦時下でも、宝塚歌劇はその活動を続けている。歌
劇移動隊として慰問公演をおこない、満州への出張公演もおこなって
いる。この慰問公演では歌劇や舞踊などのほか、1920 年代から田植
え歌として親しまれていた『お百姓さんの歌』[24]など、身近な唱歌の合
唱などがされていた。[25]またこれらの慰問公演は大掛かりなものではな
く、移動隊は班分けされて 5-9 人 1 組といった小規模なものも行われ
ていたようである。

　終戦前の戦況が激しくなるさなか、1945 年 5 月 5 日に宝塚歌劇は
宝塚での公演を映画劇場にて再開させる。演目は舞踊が中心となって
おり、1 公演の作品数は 2 作品と少ない。この戦時下での宝塚公演は
度々近隣の空襲により休演されるが、宝塚歌劇は終戦を迎えるまで粘

168 第2部 宝塚歌劇

り強くその公演を継続するのである。

4 昭和後期から平成（戦後）

戦後、華やかさを取り戻した宝塚歌劇は、踊りを主体とした作品でその公演体制を立て直していく。1947年以降、1公演は2作品で構成される形が定着する。2作品のうち1作品は、ほとんどの場合レビューである。舞踊や舞踊劇の割合が増えており、終戦直後の宝塚歌劇では踊りを主体とした作品が主となっていたことがわかる。戦前の黄金期には500名ほどいた団員が、戦後の再開の頃には200名ほどに減っており、作品数が減らされた要因として戦前ほどの多作を維持できないという事情もあったのかもしれない。[26]

1951年、グランド・レビュー『虞美人』が公演される。『虞美人』は全二幕のレビューで、宝塚歌劇では初めてとなる1本もの、つまり1公演で上演される作品が1作品というものであった。本物の馬が舞台上に登場するなど奇をてらった演出もあり、好評を博した『虞美人』は星・月・花の3組が3カ月間にわたって上演した。この『虞美人』以降、変動はあるものの、年に数作品、1本ものの公演が行われることとなる。ときに3作品が組み合わされることがあるものの、基本的には1本もの、もしくは2作品を組み合わせる2本立てが典型として徐々に定着していく。

現在の宝塚歌劇の作品には、ある一定のスタイルが守られている。その1つに実上演時間2時間半、幕間30分という上演時間のスタイルがある。このスタイルが確立されたのは、大阪府の千里丘陵で日本万国博覧会（EXPO '70、以下万博）が開催された1970年のことである。宝塚歌劇には万博帰りの全国の人々が大勢観劇に訪れていた。時間短縮の最初の例となったのは、1970年3月に初演されたグランド・レビュー『タカラヅカ EXPO '70』[27]だった。上演時間短縮がなされる

少し前、宝塚では海外ミュージカルを輸入して翻訳上演するなど、海外の顧客や顧客拡大を意識した公演スタイルを探っていたこともうかがえるのである。

　宝塚歌劇にとって初めての海外ミュージカルの翻訳上演は 1967 年、『オクラホマ！』(Oscar Hammerstein II 脚本、Richard Rogers 作曲) の公演だ。宝塚歌劇は第 2 回の公演以降オリジナルの作品を作り出すことをモットーとしていた。草創期の宝塚少女歌劇では、新しい試みとしてボロディン（1833-1887）作曲の『イーゴリ公』[28]をロシア語の原作から翻訳して原曲に邦訳を編入した上演をおこなっているが、大きな話題にはならず、基本的にはオリジナル路線が守られていた[29]。『オクラホマ！』を皮切りに、それまで守っていたオリジナル作品路線と並行して、宝塚歌劇は数々の海外ミュージカルを輸入し始める。宝塚歌劇が取り上げる海外作品は日本初演作品であることが多く、日本における海外ミュージカル輸入の 1 つの窓口となっているといえるだろう。

5　劇場の変化と作品

　ここまでタカラヅカ作品のジャンルの変遷とその公演形態について見てきた。その流れをたどると、観客（大衆）の欲求と、作品を上演する器である劇場の変化が大きく影響してきたことがわかる。宝塚歌劇はその早い時期から専用の劇場を有しており、その環境に合わせた作品づくりがなされてきた。その意味で劇場が作品に与える影響が大きいのである。ここからは作品のハード面である劇場の変化と、作品づくりの指針ともなっていた観客の変化について考えたい。

　宝塚歌劇のスタート地点は温泉場の余興であり、正式な第一回公演が行われたのは、室内プールを改造して作られたパラダイス劇場であった。脱衣場の壁を取り去って舞台にし、舞台下を楽屋に、水槽の

170　第2部　宝塚歌劇

全面に床を設けて客席とした。舞台に最も近い所はオーケストラピットのように区切られ、演奏する楽器が置かれた。水槽内の客席は平土間で座って見るようになっており、また二階の見物席を桟敷に改造した席には腰掛が置かれた。このパラダイス劇場は約500人の収容が可能であった。(30) パラダイス劇場での公演は温泉施設の付属の要素が強く、新温泉の入場者に無料で公開されていた。

1918年の初の東京公演とそれに続く名古屋公演、『歌劇』の創刊を経て、宝塚少女歌劇の人気は広まり、新温泉を訪れる客は平均

摘要	自三月廿一日至三月末日 四月	自五月廿一日至五月廿一日	合計	一日入場者平均数
大正九年春期公演	三三二六	九五、七六八	四八、一六九	二、八六六
大正十年春期公演	三一、七一三	七六、八八九六	一五六、三三七	二、五三二
比較減	一、四九七	一六、八六九二	二一、六八二三	三三二

図7-1　宝塚新温泉入場者数（大正3-7年）
（出所：『歌劇』16号、1921年、関西学院大学所蔵）

して一日に2000人を超すようになる（図7-1）。パラダイス劇場では観客を収容しきれなくなり、1919年に現在の宝塚大劇場の場所に公会堂劇場が建てられた。この劇場は、廃止が決まっていた箕面公会堂（箕面駅前に建てられていた）を移築したもので、観客の収容人数はパラダイス劇場のおよそ3倍の1500人（当時の広告には2000人収容可能という表記もある）であった。この公会堂劇場とパラダイス劇場を併用し、宝塚少女歌劇は二部制を取るようになるのである。客席は真中が畳敷きの平土間でその両側が椅子席、また客席左右の一段高い位置に亀席と鶴席という桟敷席が設けられた。パラダイス劇場では無料で見られた少女歌劇であったが、この公会堂劇場では桟敷席に限り、特別席として20銭がかかるようになっていた。(31) この有料席は取り合いになるほどの人気があった。

第 7 章　宝塚歌劇の作品と「主題歌」　171

　箕面有馬電気軌道が阪急電鉄に改名され、宝塚と西宮北口間の路線が開通したこともあり、新温泉を訪れる人はさらに増えた。有料化されても少女歌劇の客足は衰えず、超満員の場内は決して良いとはいえない観劇環境だったようである。公演は観客の私語やヤジが飛ぶなかでおこなわれており、現在の静かに観劇する雰囲気とは趣が違っている。『歌劇』の読者投稿欄「高聲低聲」の大正期の記事には、観劇環境が悪く科白や歌が聞こえないことへの苦情が多く寄せられている。このような状況下で宝塚歌劇の見せどころが踊りを中心としたものになっていったのは自然な流れだっただろう。

　1923 年、公会堂劇場からの出火が原因でパラダイス劇場、宝塚音楽歌劇学校を含む諸施設が全焼。この火事のわずか 2 カ月後に完成したのが、約 1000 人が収容可能な新歌劇場である。この劇場は翌年の宝塚大劇場開場に伴い宝塚中劇場と改称され、その後も宝塚映画劇場、宝塚新芸劇場と名前を変えて使用されている。

　この後に建てられたのが 4000 人の収容が可能な宝塚大劇場である。この劇場は小林の大劇場主義の象徴ともいえるべきもので、国内では比がないほど大規模なものであった。同時代の主要な劇場を見てみると、1911 年開場の東京の帝国劇場が 1700 人収容、1922 年に新築された歌舞伎座で 1600 人収容だ。宝塚大劇場の客席は 3 階建てであり、大人数を収容できる劇場は、安価で舞台を観客に見せるという小林の方針を可能にした。桟敷席や畳敷きの席があった公会堂劇場とは趣を異にしており、劇場の入り口広場には豪華なシャンデリアが飾られ、5 階建ての休憩室には真紅の絨毯が敷かれた。調度品や内装は洋風の物があしらわれ、優雅な雰囲気が演出されたのである。この新しい大劇場の完成は宝塚歌劇の可能性を広げると同時に、作品に変化を要求するものでもあった。以下は、大菊福左衛門というペンネームで小林一三自身が数カ月に渡って『歌劇』に掲載した観劇評の一部である。

172 第2部 宝塚歌劇

　然し此の開幕の気分であるが、五分前のベルでドヤドヤと這入つて来た歓客はまだ静かな秋のメロデーに耳を欹てるほど落着いた気持になつては居ない。そこへ静な曲を送ることはまづい大劇場の行き方としては其の前に劇全体を象徴する前奏曲でも置いて、それが無駄である場合に於ても、一わたり音楽で歓客の注意を舞台の方に集めた後、徐ろに秋のメロデーに移つて開幕する方が如何に有効である事か、又大劇場であの大衆の歓客を集めて、それが幕開き毎に出入する雑音を不得止条件とあきらめる必要を会得して、それを逃れる作曲法を採用しなければイケない、此点を強くあらゆる作曲先生におたのみする。⁽³²⁾

　この記事が書かれたのは大劇場が開場された2年後だ。劇場規模と観客数が拡大するにおいて当然の如く騒音、雑音が増え、従来のやり方では十分に作品を鑑賞できなくなっていたのである。また大劇場開場時はマイクロフォン等の音響設備がなかったため、舞台に立つ出演者たちは、生の声で三階建ての客席に座る4000人の観客と、自分たちよりも観客に近い所にいるオーケストラの演奏を相手にしなければならなかった。観客からは科白や歌が聞こえないという苦情が多く寄せられ、当時のオーケストラボックスの状態について各組の音楽指揮者たちが口々にその構造を非難した記事が寄せられた。⁽³³⁾大劇場のオーケストラピットは深く、発足当時は舞台上と合わせての演奏が困難な状況だったようだ。

　この大劇場の舞台は間口が15間、回り舞台の直径が9間、吊り物用のバトンが60本という、当時としてはその設備も最大最新の舞台であった。⁽³⁴⁾この間口15間はかなり横長の形であり、初めは花道も設置されており、西洋の奥に広い舞台ではなく歌舞伎座のような日本の従来の劇場に近い規格の物である。さまざまな面において最大最新であった設備が、従来の作品にとっては却って不自由の原因ともなって

第 7 章　宝塚歌劇の作品と「主題歌」　173

いた。この大きな劇場に合うように持ち込まれたのがレビューであった。それがいかに受け入れられたかは先に述べた通りである。

　作品とその演じ手に大きな影響を与えた設備の変化として、マイクロフォンの導入が挙げられる。増える観客と小林一三の大劇場主義にしたがって拡大してきた劇場であったが、宝塚大劇場が建設されたときにはマイクロフォンはまだなかった。決して静かとはいえない観劇環境のなかで、4000 人の観客を相手に生の声で少女たちが演じるにはいささか無理があったと思われる。大劇場にマイクロフォンが導入されたのは 1934 年 8 月の雪組公演でノンストップ・レビューと銘打たれた『ヂャブ・ヂャブ・コント』からである。『ヂャブ・ヂャブ・コント』は楳茂都陸平の帰朝作品であり、日本の温泉場の情緒をめぐるレビューであった。1930 年初頭に西洋でのマイクロフォン普及が進み、拡声技術を求めていた宝塚歌劇でもマイクロフォンの導入が実現されることとなった。マイクの普及でささやくような歌い方をするクルーン唱法が生まれたように、宝塚歌劇においてもマイクの登場はその発声法を変化させ、特に男役の個性的な歌い方を可能にしていくのである。

　観客と環境に合わせた作品づくりができる点、これは宝塚歌劇の強みだ。大劇場、中劇場に加え、当時全焼したパラダイスの後に新しく再建された新しいパラダイス内の音楽室を小劇場として利用できた。専用劇場が増えるにつれ、それぞれの劇場に適した作品、適した役割が上演されるようになり、中劇場や小劇場では比較的実験的な試みの作品がなされるようになる。このような試みは現在もされており、1978 年に開場した宝塚大劇場に併設されたバウホールでは、若手の作演出家の作品やストレートプレイなど、種々の実験的な試みを含んだ作品が多く上演されている。

　1935 年の火災を機に宝塚大劇場はその設備を最新のものに一新する。この後も何度かの改修を経て 1968 年に座席サイズを大きくし、

立ち見を含めた収容人数が 3000 人の劇場に生まれ変わる。舞台間口
も 1 間減らされ、徐々に観劇環境は改善されていく。1993 年に宝塚
大劇場は建て替えられ、収容人数 2550 人の更に観客が舞台を見やす
い空間を意識した 2 階建ての劇場となる。

　宝塚少女歌劇の座付作家であった坪内士行（1887-1986）を甥に持
つ坪内逍遥（1859-1935）は、舞台構造と作品がしっくりとはまって
調和していることを宝塚歌劇の良い点として述べている[35]。専属の劇場
を持ち得た宝塚歌劇は、この点に大きな強みを持っていたといえる。
作品は劇場の器に合わせて作られ、作品の要求に合わせて劇場の舞台
機構は変化していったのである。

6　楽譜の出版と「主題歌」

　現在のタカラヅカ作品には、「主題歌」と呼ばれる歌曲が存在する。
大劇場に足を運ぶと、劇場のロビーでは開演前から自動演奏のピアノ
によって「主題歌」のメロディーが奏でられている。このメロディー
を観客は作品のなかで、今度はスターたちの歌声で聞くことになる。
「主題歌」は劇場を訪れる人々に、作品を見る前のタカラヅカの世界
に入る第一歩として提示されているのだ。作品の上演に際して宝塚歌
劇は、この「主題歌」の存在を出版楽譜によって観客にあらかじめ提
示してきた。オペラやオペレッタ、ミュージカルといった音楽劇作品
において、その作品を代表する有名な歌曲が存在するのはままあるこ
とであるが、これが本作品の「主題歌」である、という風に観客に最
初から提示することは珍しく、宝塚歌劇特有の創作スタイルであると
いえるだろう。

　現在のタカラヅカ作品における「主題歌」は、作品中に繰り返し登
場し、加えて主役を演じる男役トップスターによって主に歌われる。
おおよそ 1 作品につき 1 曲もしくは 2 曲の歌曲のことを「主題歌」と

呼ぶ場合が多い。これらの歌曲は作品中、テーマ性を持って現れ、高い頻度で繰り返し使用される。戦後のタカラヅカ作品では、この「主題歌」と呼ばれる歌曲を軸とする作品作りがなされている。既製品の海外ミュージカルを公演する際も、新しい作品の場合、タカラヅカ版のために「主題歌」が加筆されることがある。たとえば、ウィーンミュージカル『エリザベート』を宝塚歌劇が公演する際、歌劇団側の要望により男役トップスターが歌う『愛と死の輪舞^{ロンド}』という曲が加筆され、同名の副題がタイトルに付けられた。このように「主題歌」の存在はタカラヅカ作品にとって必要不可欠な存在、またタカラヅカ作品であるための条件の1つになっているのである。

　タカラヅカ作品の使用歌曲に対して「主題歌」という言葉が使われだすのは1931年からだ。この年は日本で初めてのトーキー『マダムと女房』が発表された年である。『マダムと女房』のなかにも『スピード時代』と『スピードホイ』という曲が主題歌として登場する。それまで宝塚で愛唱歌と呼ばれていた歌曲たちは、この言葉の出現とともに「主題歌」と呼ばれるようになった。

　タカラヅカ作品の「主題歌」を扱う上で留意しておかなければならないことがある。それは「主題歌」という冠の付けられた歌曲の作品中での性格が必ずしも一様ではないということである。当初は主に作品タイトルと同名の1曲に「主題歌」という言葉が付けられるのであるが、次第に「主題歌」と呼ばれる歌曲の数は増え、作品によっては1作品中で10曲もの曲に「主題歌」という肩書が付けられるようになる。主題歌と名の付いた歌曲すべてが、現在の作品で使われる「主題歌」の性格につながるものであるとは必ずしもいえないのである。

　この頃の宝塚歌劇における「主題歌」という言葉には、おおまかに3つの意味が考えられる。1つ目は作品を象徴する意味での「主題歌」である。これは作品全体のテーマを表す曲として使われるものである。2つ目は、登場人物のテーマとして使用される「主題歌」である。こ

れは特定の人物のテーマとして用いられる、いわゆるライトモチーフ的な働きをするものである。そして3つ目は、作品中の各場面を象徴する意味での「主題歌」である。1930年の『パリゼット』は、『パリゼット』『菫(すみれ)の歌』『君のみ手のみマダム』『ラモナ』『モンパルナスの歌』『恋の歌』『宝塚の歌』の7つの曲をそれぞれ主題として構成されたレビューであった。『パリゼット』ではこれらの歌曲の意味や雰囲気を汲んだ場面が設定され、それが幕として構成された。このそれぞれの場面の主題となった歌曲に対して「主題歌」という言葉が使われた。1作品中の「主題歌」という表記がされる歌曲が複数曲になっていくのには、この3つ目の使われ方がされているためだろう。レビューの登場による作品のジャンルの変化、また舞台機構の発達とともに作品の場面数が増えており、各場面を代表する「主題歌」の存在は、作品をわかりやすくするために有効だったのかもしれない。現在ではこの3つ目の意味合いで「主題歌」と呼ばれることはほとんどない。またこの当時1作品中の複数曲に「主題歌」の表記がある場合でも、その

なかには1つ目と2つ目の意味を含むものもある。「主題歌」の存在は作品を象徴する便利な位置づけにあり、決して一義的ではないのである。

宝塚ではこうした「主題歌」をさまざまな形で観客に届けた。その1つが出版楽譜である。宝塚少女歌劇団は第1回公演から2年後の1916年には、作品中の歌曲を抜き出した出版譜を発行しており、誰でもその楽譜を手に入れるこ

図 7-2 「高聲低聲」挿絵
(出所:『歌劇』18号 1935年)

とができた。この頃はまだ主題歌という呼び方はしていないが、観客はその楽譜を手にして観劇する習慣があったと推察される（図7-2）。宝塚歌劇の戦前の出版楽譜には、おおよそ公演ごとに発行がなされており、上演作品のほぼ全作品が掲載されている『寶塚少女歌劇樂譜集』（1916年11月に発行が始まる）や、1916年の3月から1939年7月まで発行されていた『寶塚樂譜』などがある。『寶塚樂譜』はピースものの楽譜で、先の楽譜集とは違い、人気の作品をピックアップして不定期に発行されたものである。

　この『寶塚樂譜』は、1916年から1927年まで出版されたピアノピースで、定価30銭で販売されていた。A4より少し大きいサイズで画用紙程度の厚みがある紙に印刷され、表紙・裏表紙にカラーのイラストがほどこされている。ほとんどの表紙の挿絵には「ひさし」のサインがあり、挿絵画家の森田久（1894-？）が担当していたことがわかる。森田久は当時宝塚少女歌劇団の美術部に所属しており、『モン・パリ』の舞台美術担当者でもあった。雑誌『歌劇』の表紙や挿絵、ポスターなど、当時の宝塚歌劇団の出版・印刷物には森田久の絵が多く使用されている。楽譜冊子には基本的に、メロディー譜、ピアノ伴奏譜、歌詞、出版情報、公演情報が記載されている。『寶塚樂譜』の出版が始まった頃、良家子女の嗜みとしてピアノが流行していた。良家の子女は宝塚少女歌劇が舞台人として欲していた人員であり、当時はまだ富裕層のものでそれほど普及していなかったピアノの伴奏譜が載せられていることから、『寶塚樂譜』には作品を広める意味と同時に、そういった富裕層の子女の興味を引く目的もあったと考えられる。

　　寶塚樂譜は宝塚少女歌劇団で演奏した少女歌劇の楽譜を美しい菊二倍版の譜本として新に発行したものだ、森田ひさし氏の装禎が気が利いて居る、曲譜も鮮明に印刷されて居る　内容は少女歌劇の各公演に受けたものゝみを選定して居るから何だか旧友に逢

ふ様な、懐かしい思出が楽譜を手にすると同時に蘇つて来る様な
感じがする。[36]

このように観劇に訪れた人に作品の記憶を楽譜とともに持ち帰って
もらっていたのだ。『寶塚樂譜』は、歌劇団機関誌『歌劇』のなかで
行われる懸賞の賞品にもなっており、楽譜集の豪華版としての役割も
あったようである。

宝塚歌劇は宝塚少女歌劇の時代から上演した作品の脚本と楽譜の出
版をおこなっている。その目的の１つは、観客によりわかりやすく作
品を見てもらうことにあっただろう。先に述べたように、集客力を伸
ばしてきた宝塚少女歌劇の劇場内は人があふれかえり、ヤジが飛ぶ環
境下での公演であった。観劇環境は決して良いとはいえない。マイク
ロフォンの導入にいたるまで巨大な劇場で生の声で公演をしていたこ
とを考えると、手元にある脚本と楽譜は、作品を理解するうえで観劇
に必要なものであったといえるだろう。公演パンフレットや脚本集に
は作品ごとの配役も掲載されており、熱心なファンに対する資料提供
の役割もあったと考えられる。脚本集や出版楽譜は劇場内で売り子に
よって販売されていた。それらを片手に観劇することは、度々宝塚歌
劇を訪れる観客にとっては習慣になっていたと考えられる。そしてそ
れに加え、これらの出版物は観客に事前に作品を提示するという役割
を担っていくのである。

出版物はこういった劇場内での使用のほか、宝塚を訪れることので
きない、または訪れたことのない外部の人に宝塚歌劇の情緒を伝える
ものでもあった。東京公演や名古屋公演などの宝塚以外の地方での公
演でファンになった観客にとって、楽譜集や脚本集、『歌劇』などの
歌劇団の出版物は、遠方からでも宝塚歌劇の様子を知りうる手段で
あった。「楽譜集を手にして宝塚の情緒を感じる」、「脚本と配役を見て、
ひいきの生徒の活躍を喜ぶ」といった内容の投稿はよく見られるもの

第 7 章　宝塚歌劇の作品と「主題歌」　179

図 7-3　「ベニスの夕べ」楽譜付絵葉書
（出所：個人蔵、1916 年頃）

である。ピースものの『寳塚樂譜』は「贈って喜ばれ貰って嬉しい宝塚みやげ」と表記して広告宣伝されており、美しいイラストの楽譜は、観劇した当人の記念だけではなく、土産物や贈り物としても流通していたと思われる。

　宝塚歌劇の様子を伝えるものとしてもう 1 つ活躍した出版物が、絵葉書である。多くの観光名所がその様子を写真やイラストの白黒絵葉書や手彩色絵葉書で販売していたように、宝塚においてもその様子を伝える絵葉書が販売されていた。多くは白黒の写真であり、その内容は、宝塚新温泉の諸施設や周辺の様子を写したもの、宝塚少女歌劇の舞台の様子を写したもの、劇中の役に扮した生徒の写真や生徒個々人のポートレートなどであった。これらの絵葉書は当時の様子や作品を

知る資料としても重要なものである。

　この絵葉書のなかには愛唱歌および「主題歌」を掲載したものもあった（図7-3）。五線のメロディー譜に歌詞がついた簡単な楽譜に、作品に即したイラストが描き加えられている。ピースものの楽譜による愛唱歌の流通が始まったころ、もっと簡易な方法である絵葉書を使った愛唱歌の流通も行われていたのである。このように楽譜、楽譜集、脚本集、そして絵葉書といった出版物によってタカラヅカ作品の内容は積極的に流通されていた。宝塚歌劇の記憶を呼び起こすもの、情緒を伝えるものとして、「主題歌」も出版物の流通とともに広まっていたのである。

　さて、ここまで作品の変遷とそれを取り巻く環境について見てきた。こうして概観していくと、宝塚歌劇は奇をてらったものでも、特定の観客層だけの特殊な世界というわけでもないことがわかる。現在の形にいたるまでには、その時々の大衆の意向や世相を取り入れた自然な流れがあったのだ。

　　＊本章は著者の博士論文「宝塚歌劇における『主題歌』とその役割――歴史と展開」
　　　をもとに書かれている。

［注］

(1)　お伽歌劇『馬の王様』1918年10月20日初演。作・前田牙塔、作曲・高木
　　　和夫。
(2)　小林一三（1921）「一部二部の区別」『歌劇』歌劇発行所（13）、20-21頁。
(3)　1947年以降、一公演に二作品の形態が定着する。
(4)　（1919）「脚本及曲譜募集」『歌劇』歌劇発行所（6）。
(5)　安居劔太郎（1926）「舞臺雜談幕合ばなし」『歌劇』歌劇発行所（75）、18-19頁。
(6)　楳茂都陸平（1921）「私の思ひ出」『歌劇』歌劇発行所（20）、19-21頁。
(7)　なぎさゆみ（1926）「寶塚のお伽歌劇は？？？――動物園的感情を抹殺せよ」
　　　『歌劇』歌劇発行所（76）、50-51頁。

第 7 章　宝塚歌劇の作品と「主題歌」　181

(8)　坪内士行（1921）「喜劇」『歌劇』歌劇発行所（20）、2-6 頁。

(9)　本居長世（1930）「寶塚偶感――寶塚の考ふべきこと」『歌劇』（125）、22-23
頁。

(10)　(1926)「お伽歌劇懸賞募集」『歌劇』歌劇発行所（79）、70 頁。

(11)　寺町清雄（1926）「露臺――寶塚のお伽歌劇」『歌劇』歌劇発行所（74）、
84-85 頁。

(12)　楳茂都陸平作、原田潤作曲の舞踊。1921 年 3 月初演。1925 年 2 月に再演。

(13)　レビュー『モン・パリ』岸田辰彌作、高木和夫作編曲、白井鐵造振付。
1927 年 9 月 1 日初演。宝塚大劇場花組公演。同時上演の作品は、お伽歌劇『慾
張り婆さん』と歌劇『酒の行兼』。

(14)　小林一三（1927）「モン・パリよ！」『歌劇』（91）2-3 頁

(15)　岸田辰彌（1927）「「モンパリ」再上演に就て――レヴユウといふこと」『歌劇』
（91）、22-25 頁。

(16)　1934 年 3 月の月組公演『春のをどり』（坪内士行作、荒尾静一振付、塩谷孝
太郎振付、高木和夫作曲、川﨑一郎作曲）には「お伽レビュー」という冠
がされているが、これはレビューとみなした。

(17)　宝塚少女歌劇専属のオーケストラ。オーストリアの指揮者ヨセフ・ラスカ
指導の下結成。少女歌劇の伴奏のほか、独立した演奏会もおこなっていた。

(18)　全日本保育連盟後援お伽歌劇『桃太郎の凱旋』西村眞琴原案、内海重典構
成演出、津久井祐喜作曲。1942 年 5 月月組公演。

(19)　童話歌劇『東亜の子供達』高木史朗作演出。1943 年 7 月雪組公演。

(20)　童話劇『明るい町、強い町』翼賛会宣伝部作、康本晋史演出、酒井協作曲。
1942 年 10 月雪組公演。

(21)　歌劇『ピノチオ』宇津秀男構成振付、1942 年 3 月花組公演。

(22)　日独伊枢軸三部作第一篇歌劇『イタリヤの微笑』岡田恵吉作演出。1941 年
7 月月組公演。

(23)　群舞による交響詩『総力』楳茂都陸平作振付、宮原禎次作曲。1941 年 2 月
雪組公演。

(24)　『お百姓さんの歌』武内俊子作詞、丹生健夫作曲。

(25)　故竹内茂氏の体験談による。2012 年 5 月 24 日録音。

(26)　『宝塚歌劇五十年史』177 頁。

(27)　グランドレビュー『タカラヅカ EXPO '70』一部「四季の踊り絵巻」宝塚歌
劇団演出部会作、菅沼潤・横澤秀雄構成演出。二部「ハロー！タカラヅカ」
鴨川清作作演出。

(28)　アレクサンドル・ボロディン作のオペラ。1890 年初演。

(29)　(1926)「脚本部より」『歌劇』歌劇発行所（80）、15 頁。

182 第 2 部　宝塚歌劇

(30) 同上、234 頁。

(31)『宝塚歌劇五十年史』121 頁参照。

(32) 大菊福左衛門（1926）「大劇場の客席より──『六月は雪組』公演の批評」『歌劇』歌劇発行所（76）、52-53 頁。

(33)（1926）「オーケストラの指揮者として」『歌劇』歌劇発行所（45）26-29

(34) 宝塚歌劇団（1926）『すみれ花歳月を重ねて──宝塚歌劇 90 年史』183 頁。

(35) 坪内士行（1922）「叔父逍遥に見せた少女歌劇」『歌劇』歌劇発行所（22）、7-8 頁。

(36)（1933）「寳塚樂譜と寳塚歌劇集」『歌劇』（6）。

Column 02　私と宝塚——但馬久美インタビュー
音楽学校から在団中の生活と出会いを経て

[略歴] 但馬　久美（たじま　くみ）

元宝塚歌劇団花組組長、男役。宝塚歌劇団 50 期生（1964 年宝塚音楽学校卒業）。同期に女優の鳳蘭、汀夏子、大原ますみらがいる。1988 年の星組公演『戦争と平和』（ナポレオン・ボナパルト役）を最後に、宝塚歌劇団を退団。1995 年、参議院選挙に当選。2001 年に退任後は、地方の文化創造などに力を入れる。2005 年より関西学院大学の連携講座「たからづか学」の講師を務める。
〈主な出演作品〉『虞美人』（1974 年）劉邦役、『ブリガドーン』（1975 年）ジェフ役、『ベルサイユのばらⅢ』（1976 年）アンドレ役、『風と共に去りぬ』（1977 年）アシュレ役など。

———本日は、宝塚音楽学校時代そして在団中の経験を中心に伺います。最初に宝塚歌劇との出会いについてお聞かせください。

　当時、習い事はクラシックバレエか日舞かピアノという時代で、私も小学 1 年生からバレエを習っていました。宝塚との出会いは、小学生のときに『源氏物語』（1952 年）で春日野八千代さんの光源氏を見たことです。宝塚を受験したのは、大劇場の端でもいいから舞台の上で踊りたいという思いからでした。

———男役になるのは最初から決めていたのですか。

　背が高かったので、当然男役だと思って始めました。バレエ『白鳥の湖』の主役を踊ってみたい願望はありましたが、もともと自分はひらひらの衣装を着る女性らしいタイプではないとわかっていました。反面、私の声はメゾソプラノでしたので、むしり（かつら）をかぶって台詞なしの立つだけの役を付けられたことがありました。ショックでしたが、声を出すと笑う人もいたし、最初はこれで良かったという感覚もありました。でも男役さんはみんな素敵でした。魅力あるのはやはり男役なのですね。

　『ピラールの花祭り』（1968 年）という作品でスパニッシュの男を演じ、踊りの新人賞をいただきました。これが私にとって男役への違和感を吹っ切る作品になりました。その後「宝塚では芝居も歌もやらなくてはいけない」と考えなおし、

武庫川の河原で夜な夜な発声練習をしました。私が本格的に男役の声を出せるようになったのは、初舞台を踏んでから4-5年後だったのではないかしら。

———音楽学校に入ってからの踊りはどんなものでしたか。

多くがクラシックバレエでした。バレエダンサーの大滝愛子先生が教えてくださって、タップ、モダンダンス、ジャズダンスもありました。

初舞台を踏んだ年、アキコ・カンダのモダンダンスに出会いました。アキコ・カンダ先生は日本のモダンダンス界の第一人者です。50年にわたり宝塚音楽学校の講師と歌劇団の振り付けを担当し、宝塚歌劇に大きな貢献をした方でもあります。当時の私にとって彼女のダンスは目から鱗のものでした。寝技と呼ばれるフロアを這うような踊りは生まれて初めてでした。きれいなだけではなく、内面を表現する踊りをアキコ先生から学びました。舞台人として、人として、ダンサーとして、1人の女性としての哲学をアキコ先生から学びました。

———音楽学校時代の生活について教えてください。

音楽学校での稽古は宝塚のオリジナル作品ではなく、『若草物語』やモーパッサンの『女の一生』の1部を朗読したりしていました。授業の一環で鼓笛隊もやっていました。当時大劇場の隣にあったファミリーランドや街中でパレードをしたり、船上で演奏したりしました。楽しく、のどかでした。中卒から高卒までの生徒がおり、クラスが分けられていましたので、AクラスとBクラスでずいぶん雰囲気に差がありました。東京組と地方組でも少し差がありました。特別だなと思ったのは、毎月宝塚歌劇の舞台が見られることです。皆それぞれ特定の人のファンになりました。音楽学校の生徒である内は、舞台に上がる先輩との交流はほとんどありませんでしたので、内輪でファンになりました。音楽学校での2年間は舞台に出る準備期間。そして初舞台からは、勝負をかける世界に入ったのだと日ごと実感させられました。

———出演者から見た稽古から本番までの流れを教えてください。

まず所属する組の全体の集合日があり、その日に香盤発表がありました。皆、ドキドキしながら神経をとがらせていました。香盤発表の日に台本が配られ、すぐに読み合わせをします。稽古に入ると、歌の日、踊りの日、お芝居の日があり、すべてを覚えるのに本当に必死でした。その場で覚えられるよう訓練していまし

たが、稽古が始まって1-2週間は必死で辛かった覚えがあります。

───舞台メイクも学校で学ぶのですか。

　宝塚では自分でメイクをします。初舞台を踏む前に、先輩がお化粧の仕方を音楽学校に教えに来てくれました。ドーランの塗り方、シャドウの描き方、つけまつげの付け方など、宝塚独特の化粧を教わりました。大きな舞台でたくさんの照明を浴びても負けない、インパクトある化粧が宝塚には必要でした。いかに男よりも男らしくするかが命題でした。お化粧は先輩方から受け継がれたものです。当時のスターさんのブロマイドを見て真似したりもしました。

───但馬先生が参加された海外公演の様子を教えてください。

　1968年の第1回東南アジア公演でおこなったシンガポールとマレーシアが、私にとって初めての海外でした。確か『ピラールの花祭り』の踊りの1部を持っていきました。当時のシンガポールにはちゃんとした劇場がなく、野外劇場でコウモリが飛ぶ中での公演でした。今のようなビル群はまだなく、ヤシの木が並び、自然のなかで夕日がとてもきれいでした。素朴な公演でしたね。台詞のある芝居はなく、日本物のショーや現地の歌を覚えて歌いました。会場は500人規模ほどの野外劇場だったと思います。

　1975年からの第3回ヨーロッパ公演では、旧ソ連とパリに行ったのが印象的です。このときは国の文化使節団として行くという使命感もありました。モスクワの劇場は上から宙づりの舞台で、出演者が動くと舞台が一緒になって揺れました。舞台には客席側から舞台奥にかけて5度の傾斜がついており、慣れていないその舞台の上で、全員が逆立ちをする振りは大変でした。日本物のショー、音頭、民謡は旧ソ連の人にとって珍しく、とても喜ばれました。ところがパリに入ると状況は違いました。レビューの本場であるフランスでは、厳しい目を向けられることもありました。出演料は現地通貨で支給されました。現地ではバレエの舞台も見ましたし、希望者はレッスンにも通いました。私はキエフとモスクワ、レーニングラード、ボリショイバレエ団でもレッスンを受けました。稽古場にもやはり5度の傾斜がついており、必ず生演奏のピアノがついていました。

　音楽は指揮者だけが宝塚から同行し、演奏は現地のオーケストラに任せました。彼らのなかにない日本のリズムや音を生徒達が交流するなかで教える、ということがありました。

───ご自分の時代の宝塚と現在の宝塚をどう思いますか。

　当時は新芸座という実験劇場があり、若手の演出家や下級生が経験を積む良い場になっていました。鴨川清作、横澤英雄、酒井澄夫、三木章雄といった作演出家の先生方が競い合ってショーを作っていました。ファンの意見も作品によく反映されていました。演出家もスターもファンも、宝塚の層が厚い時代に私はいたなと思います。新聞記者との交流もあり、第3者からの見解を知ることができるいい機会でした。今はとにかく豪華絢爛です。衣装や装置、生徒が皆スマート。作品は日本物が少なくなりました。大人数が合わせる群舞は、よくなっていると思います。しかし宝塚歌劇がどこへ向かっていくのか、不安になることもあります。外に目を向けつつ、「宝塚歌劇」を大切にしてほしいと思います。

───最後に、ご自分と宝塚についての思いを聞かせてください。

　小林一三の掲げた、社会で力を発揮できる一流の女性を育成するという思いが宝塚の教育にはあったと思います。芸事の範疇を超え、さまざまな一流に触れる環境、これは宝塚だからこそ経験できたものです。宝塚は本当に色濃い人間訓練の場でした。10代、20代の頃は何回も宝塚をやめたいと思いました。でもそこで得た経験、つながり、喜び・悲しみ・悩みが、人間但馬久美を育ててくれたと思います。

　退団した後、これ以上宝塚の色を出したくない、宝塚という言葉を聞くだけでも嫌だという時期がありました。男役をやってきてそういう経験をした人は少なくないと思います。「もう男役を引きずりたくないな、いかにすればそこを切れるのか」と、髪の毛をのばしてみたり、姿かたちを変えてみたりしますが、内容は変わりません。そこに自分との戦いがありました。吹っ切れたのはつい最近、60年以上人生を歩んでやっとです。宝塚の伝統ある世界で学び、約400人の女性が戦っているなかで芽を出していくことは容易ではありません。そのなかで組長の大任をいただくことも自分がやりたくてできるものでもありませんでした。振り返ってみると、宝塚の1つの歴史の流れに乗せていただいたという思いがあります。今回のインタビューで宝塚での経験を振り返ることは、自分を見つめなおす良い機会になりました。ありがとうございました。　　　　（阪上由紀）

　＊本コラムは、2016年4月19日に行われたインタビューを基にしている。
　（インタビュー出席者：但馬久美、瀬川直子、阪上由紀）

第3部

宝塚の産業

第8章

宝塚市の産業とまちの活性化

山本　寛
（宝塚市文化財団常務理事兼事務局長）

はじめに

　「住宅都市」一辺倒でよいのか、宝塚歌劇を中心に観光色をもっと出すのか、工場や店舗は必要ないのか等々、宝塚市のまちづくりを話題にするとき、しばしば議論になるポイントである。

　行政内部でも、「住宅都市」を確立するならば、空気がきれいで、静かで、街並み景観が美しく、福祉や教育施策が行き届いていて……純粋に住みやすさのみを追求すれば足りるという根強い考え方がある。真の住みやすさとは、いったいどのようなものなのか。住宅が整然と建ち並んでいれば十分で、観光や産業は、静穏な市民生活にとって、むしろ邪魔な存在なのか。ほかのまちへ出かけて、宝塚市から来ましたと伝えたとき、よいところにお住まいですねと即座に言葉が返ってくるのは、単に住宅都市としてのイメージが評価されているだけではないだろう。

　2014年、宝塚歌劇が100周年を迎え、改めてその芸術性と人気の高さを全国に知らしめたのは記憶に新しい。1世紀にわたって、このまちが宝塚歌劇とともに歩んできたことは異論の余地がないところである。しかし、宝塚のまちは、歌劇以外にも多様な顔を持っていることも事実である。その1つが、千年の歴史を誇る植木産業である。植木・花卉栽培という農業分野から、卸売・小売などの流通、造園など、

高い技術力に裏打ちされた幅広い領域において、ほかのまちにはない地場産業となっている。この花と緑の産業は、宝塚歌劇と並んで、良好な都市イメージの一因でもある。

また、規模は小さくても、精密機械、食品などのものづくり部門から、建設、小売・サービス部門にいたるまで、さまざまな産業が、歴史を刻んで息づいている。これらの産業は、多くの雇用を生み、さらに、ほかの業種と結びついて、日常の買い物など地域の経済循環やまちのにぎわいへとつながっている。

宝塚市第5次総合計画では、将来都市像として、「市民の力が輝く共生のまち宝塚　～住み続けたい、関わり続けたい、訪れてみたいまちをめざして～」と、謳われている。「住み続けたい」とは、まさしく住宅都市としてのハード・ソフト両面での環境整備を指している。それと並んで、「関わり続けたい」——働き、活動し、交流すること、そして「訪れてみたい」——来て、見て、触れてという観光的要素が掲げられている。これらの要素を、バランスよくまちづくりに取り入れていくことが求められているのである。

このような視点で見ると、事業者が生き生きと活動し、まちに活気が満ちていることが、住みやすいまちの重要な要件となってくるし、住宅都市であるからこその産業が、もっとクローズアップされていいはずだ。

宝塚市は、2007年に、産業振興に対する市の姿勢を明らかにし、産業と地域社会が調和した市民生活をめざすため、宝塚市産業振興基本条例を制定した。事業者、経済団体および市が協働して産業振興を推進することを基本に、それぞれが果たす役割や市民の協力などを定めている。

この条例に基づき、宝塚市は、さまざまな施策を展開しているが、たゆみない産業振興の取り組みが、将来にわたって市全体を元気にし、住、職、観光などバランスのとれた豊かなまちづくりにつながるもの

と確信している。

本章においては、宝塚市の産業面から見た現状、課題を明らかにし、今後の方向性について考えていきたい。

1 宝塚市の産業構造

「平成24年次経済センサス活動調査」によると、宝塚市内の民営事業所数は5596事業所、従業者数は5万1077人である。

産業別の従業者数の割合を見てみると、農林漁業で構成される第一次産業は、0.2%で122人、建設業や製造業などで構成される第二次産業は11.8%で6023人、そのほかサービス業などで構成される第三

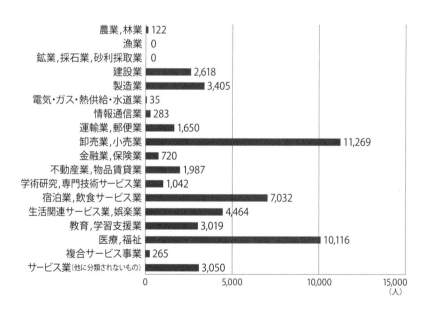

図8-1　産業大分類別宝塚市の従業者数の内訳
（出所：総務省「平成24年次経済センサス——活動調査」）

次産業は 88.0% で 4 万 4932 人となっており、県下平均と比べると第二次産業が 12.9 ポイント低く、逆に第三次産業が 13.1 ポイント高くなっている。

特に第二次産業の内訳では、製造業が県下平均 19.2% に対し、宝塚市では 6.7% となっている。最も従業者数の多い第三次産業では、卸売業、小売業が従業者数 1 万 1269 人で構成比 22.1% と最も高く、次いで医療、福祉が 1 万 116 人で 19.8%、宿泊業、飲食サービス業が 7032 人で 13.8% となっている。県下の平均に比べ医療、福祉が 7.1 ポイント、宿泊業、飲食サービス業が 3.0 ポイント高い状況である。これらのことから、宝塚市の産業は県下平均に比べ製造業の比率が低く、医療、福祉や宿泊業、飲食サービス業の割合が高いという構造が見えてくる。

まさしく、観光を中心として発展してきた宝塚市の産業が雇用を生み、さらにほかの業種と結びついて、地域経済を形づくっている。また、住宅都市として、高齢化社会に対応した医療、福祉分野が、就業の面で中心的存在として伸びていることが宝塚市の特徴として見てとれる。

2　観光分野

私の記憶によると、少なくとも昭和の時代までは、宝塚市のキャッチフレーズは、「歌劇と湯のまち」であった。

観光地としての立地で、これほど恵まれたところはないだろう。大阪、神戸から電車で 30 分という利便性に加え、宝塚駅を出るとすぐの中心市街地の真ん中を武庫川が流れ、風光明媚な景観を形成している。その右岸側には、温泉旅館が立ち並び、左岸側には、花のみち沿いに宝塚歌劇の本拠地である宝塚大劇場、宝塚ファミリーランドが続いていた。昼間には遊園地で遊ぶ子どもたちの歓声が響き、夕方にな

ると、着物姿で宝来橋を優雅に歩く芸者衆の姿が見られた。夏には、至近距離で臨場感たっぷりに楽しめる花火大会が続けられてきた。宝塚市では、この阪急宝塚駅から宝塚南口駅までを巡る武庫川沿いの1.8kmを「観光プロムナード」として位置づけ、観光客誘致に力を入れてきたものである。

　観光宝塚がピークを迎えたのが、昭和40年代である。戦後日本の経済成長の象徴ともいうべき日本万国博覧会が、1970年、大阪の千里丘陵で開催され、関西に日本全国からの観光客が集中した。この当時、武庫川右岸には約60軒の温泉旅館が営業していた。さらに、1974年には、池田理代子さん原作の漫画『ベルサイユのばら』が宝塚歌劇で初演され、一大ブームを引き起こす。

　しかし、平成の時代になってバブル経済が崩壊し、人々の生活スタイルも変化するようになり、観光ニーズも変わっていった。旅館や保養所は、一つひとつ姿を消してゆき、マンションにとって変わっていった。

　その後、大きな転換期となったのが、2003年の宝塚ファミリーランド閉園である。東京ディズニーランドやユニバーサル・スタジオ・ジャパンが盛況を博すなか、甲子園阪神パーク、奈良ドリームランドなど関西の老舗遊園地が次々と姿を消していった。宝塚ファミリーランドも、例外ではなかった。それまで、年間1000万人を超えていた観光客数は200万人減少し、それ以来850万人前後の横ばいが続いている。

　現状を観光目的別でみると、清荒神清澄寺が年間311万人で最も多く集客しており、続いて中山寺が133万人、宝塚歌劇が107万人（いずれも2013年度）となっている。

　宝塚市を訪れる観光客は、圧倒的に日帰りが多く（98%）、「安、近、短」の個人観光客が中心であるという特徴を持っている。

　また、最近では、インバウンドと呼ばれる外国人観光客が増えてい

図 8-2　サクラ咲く花のみちと宝塚大劇場

る。手塚治虫記念館では、年間入館者約 10 万人のうち 1 割が外国人であり、さらにその 6 割を台湾からの観光客が占めている。

（1）新たな魅力への仕掛けを

宝塚の観光を語るとき、常にいわれ続けてきたことは、観光資源が豊かであるということである。宝塚歌劇は言うに及ばず、手塚治虫記念館、清荒神清澄寺・中山寺といった寺社仏閣、1000 年の植木どころ、北部西谷地域の自然など、魅力あるスポットを数多く有している。他府県の観光関係者から、非常に羨ましがられる所以である。しかし、実態は、その利点が十分に生かされていない。

宝塚歌劇は、100 年の歴史を刻む世界的な総合舞台芸術であり、いまだに進化を続けている。その存在はあまりにも大きく、宝塚の観光にとっては、このことが強みでもあり、同時に弱みにもなっている。遠くから来訪する多くの人々の目には、宝塚の観光＝宝塚歌劇と映っているのではないか。2014 年に策定された「宝塚市観光集客戦略」においては、この点を重視し、手塚アニメを媒介にすることによって、

歌劇ファンには歌劇以外の魅力を発信し、また歌劇ファンでない人には歌劇への興味を導く仕掛けをしていくことを提唱している。

従来のような観光施設にバスで団体客を集めることを否定はしないが、今後は、一方で、街並みの美しさ、おしゃれな店、地元ならではのイベントなど、ゆったり歩きながらまち自体の魅力に触れるような観光方策も進めていく必要がある。それと合わせて、観光分野での目標指数についても、これまでの集客数だけでなく、観光消費額を上げていくという量から質への転換を図っていくことも課題である。

3　商業・サービス業分野

この分野を語ろうとするとき、市役所の先輩たちから語り継がれてきた2つのフレーズが、ふと頭に浮かぶ。1つは、「とかげのしっぽ同士がひっついたまち」。宝塚市は、1954年、川辺郡宝塚町（元は小浜村）と武庫郡良元村が合併して誕生した。当時でいえば、川辺郡の中心は現在の伊丹市、武庫郡の中心は現在の西宮市であり、いわばそれぞれの郡の端っこ同士が結びついてでき上がったのが宝塚市であった。

その結果、もう1つのフレーズである「へそのないまち」となった。ほかのまちを訪れると、たいていはターミナル駅前に商店街やデパート、銀行、官公庁、病院などが集中して建ち並ぶのを目にする。この点、宝塚市は、中心核を持たないまま、スタートを切ったことになる。市内には、阪急電鉄が10駅、JRが3駅と計13の鉄道駅があり、その数は近隣市と比べても多い。このうち阪急並びにJR宝塚駅は、観光の玄関口としての役割を果たしてきた。しかし、商業・サービス、行政機能などは、駅ごとに分散して成長していった。

昭和40年から50年代には、当時策定された宝塚市商業振興ビジョンのなかで、いわゆる「経済二眼レフ構想」が打ち出された。これは、

宝塚駅前は観光の拠点として異色的まちづくりを進める一方、武庫川を挟む両岸で商業核を形成しようとするビジョンである。右岸側は、阪急今津線沿いの逆瀬川から小林地域にかけて、また左岸側は阪急宝塚線沿いの売布から中山地域が対象地域とされ、その後の市街地再開発事業や大規模小売店立地などのまちづくりに影響を及ぼした。今でも、この考え方の基本は生きているという商業関係者もいる。

（1）市外に流出する小売消費

「平成 24 年次経済センサス活動調査」によると、卸売業、小売業は、1381 事業所、従業者数は 1 万 1269 人となっている。事業者数、従業者数は、ともに近年減少傾向にある。ここで、商業の実態を示す指標として、小売吸引率に着目したい。宝塚市における小売吸引率は、次のような算式になる。

$$
小売吸引率 ＝ \frac{宝塚市内の年間小売販売額}{1 人当たり年間小売販売額 ～ × ～ 宝塚市の人口}
$$

小売吸引率とは、小売需要をどれだけ市内で満たしているかを示す指標である。すなわち周りの都市からも買い物客を取り込んでいるか、または市外へ流出しているかどうかを見極めるものである。1 を超えると流入、1 未満は流出していることを示す。

「平成 24 年次経済センサス活動調査」によると、宝塚市の小売吸引率は 0.73 で、兵庫県内主要都市のなかで最も低いクラスの数字となっている。ちなみに、周辺都市では、神戸市 1.20、伊丹市 0.99、尼崎市 0.86、西宮市 0.92 などである。これらの数字から明らかなことは、宝塚市民の消費需要が、大阪や神戸などの大都市をはじめ、伊丹市、西宮市など近隣都市に流出しているという事実である。このことは、休日に、大阪、神戸の繁華街か、伊丹市のイオンモール伊丹、西宮市

の阪急西宮ガーデンズなどの大型ショッピングモールで、映画や食事とともにお洒落な衣料品の買い物を楽しむという実際の消費者行動とも合致している。

　一方、宝塚市内の状況を見ると、卸売・小売事業所数は、1994年の数字（1734事業所）に比べると、約20%の減となっている。ただ、ここで注目すべきは、事業所数は減少していても、市内の商業床面積は増加していることだ。万代、阪急オアシスなど、沿道型食品スーパーや、コンビニが次々に開店している一方で、従来からの商店街、個人商店が苦戦している状況が続いている。昭和の時代から市が深く関わってきた宝塚南口、逆瀬川、宝塚、花のみち、売布、仁川の各再開発ビルを含めた市内の主な商店街では、空洞化が指摘されて久しく、2013年での空き店舗率は19.9%となっている。

（2）地域の特色を生かす商店街へ

　このように厳しい状況の商業・サービス業分野であるが、宝塚市にしかない商店街として守っていきたいのが清荒神参道商店街である。阪急清荒神駅から清荒神清澄寺までの、「龍の道」と呼ばれる曲がりくねった坂道1.2 kmの参道には、合計約100軒の飲食店や土産物、骨とう品、神具などの販売店舗が軒を連ね、昔ながらのたたずまいを残している。お寺の門前町として歩んできたこの商店街であるが、近年、商店主の高齢化による廃業が進んでいる。また、モータリゼーションの進展のため参道を歩く参拝者が少なくなってきたことに加え、沿道での宅地開発が進んでおり、今後の先行きに影を落としている。

　地元では、落ち着いたまちなみ景観を保持していくため、2011年、参道商店会の若手メンバーが中心となり、宝塚市と協働で「まちづくりルール」を策定した。これは、建物の高さ、色、屋根の形、広告看板などに一定の制限を課し、無秩序な開発を防止しようとするものであり、その後一定の成果を上げている。また、同商店会では、マスコッ

図8-3　昔ながらのたたずまいを残す清荒神参道

トキャラクター「さんぽ龍」を発案し、定期的なイベントをおこなうことで新たな集客に取り組んでいるところである。その甲斐があって、最近ではアート系の店舗や人気の洋食店による新たな出店が見られるなど、徐々に賑わいを取り戻しつつある。

　清荒神参道商店街は、単に地域の商店街というだけでなく、特異な存在感を放つ観光スポットでもある。今後、地元の商業者とともに、観光、商業両面からのテコ入れが必要だと考える。

　以上、商業・サービス業分野の概況を見てきたが、駅前再開発ビルのなかでの営業であったり、古くからの地域住民の台所として歩んできた市場や商店街であったり、観光客を意識した品ぞろえの店であったりと、その成り立ちや地域性により、商店街や個店ごとに一つひとつ違った顔を持っている。それらが今後も生き残っていくには、それぞれの地域ニーズに合った商業を再構築していくことが課題である。

　市民生活の利便性確保のためにも、商業振興に心して取り組んでい

かねばならない。

4 工業分野

宝塚市と製造業は、イメージ的に結びつかないという声をよく耳にする。実際のところ、2012年の工業統計調査によると、従業者4人以上の製造業事業者は69社であり、従業者数は3460人となっている。伊丹市（318社）、三田市（105社）、川西市（100社）など近隣市と比べても、確かに低い数字である。

事業所が比較的集中しているのが、南部の右岸地域である。昭和30年代以前に操業を始めたところが多く、当初は田園地帯の真ん中に立地していた。しかし、昭和40年代から宅地開発が進み、あとから建ったマンション群に囲まれていわゆる住工混在の状況になっていった。騒音、臭気、トラックの往来などの問題がクローズアップされるようになり、事業所にとっては"住みにくい"環境となる。海外に生産拠点を移したり、国内で工場を統合するなど会社側の事情も重なり、2001年以降で計9社が宝塚市から撤退した。

（1）技術を誇る事業所が存在

現在も宝塚市内で活動を続ける企業の関係者に話を聞くと、その多くが、大消費地に近いことや従業員の通勤の利便性など実利的なプラス面とともに、宝塚での立地というイメージの良さもあって、今後も市内で操業を続けたいという意向を持っていることがうかがえる。ただ、彼らの口から次に出てくるのは、「事業所も1市民であるのだから、もっと工業施策に力を入れてほしい」という言葉である。宝塚市の土地利用状況を考えると、市外から大規模事業所を誘致することは現実的ではなく、これら既存事業所を大切にし、流出を防止する方策を検討していくことが肝要であろう。

200　第3部　宝塚の産業

　個々の企業活動を見ていくと、非常に高い技術を誇る事業所が存在することが特徴である。民間航空機の機体の一部を製造する新明和工業㈱、農薬関連製品のトップメーカーで、その技術でアフリカでのマラリア予防に貢献する住友化学㈱、業務用、プロ用音響機器の専門メーカーである TOA ㈱、不織布という特殊繊維の分野で確固たる地位を築いている金井重要工業㈱、米糠の可能性を研究、開発し続ける築野食品工業㈱、各種コントロールケーブルで世界へ進出する㈱ハイレックスコーポレーション等々。また、理・美容のプロ向けのハサミで高いシェアを誇るナルトシザー㈱など、規模は小さくても、技術力でめざましい発展を続ける企業が、宝塚で操業している。しかし、このような市民が誇るべき技術を有する事業所が市内に存在することを、多くの市民は知らないのではないか。

　冒頭でも述べたが、住宅都市だからといって、単に住宅が建ち並ぶだけでは活力は生まれないし、住みよいまちともいえない。製造業を含めた事業所が雇用を生み、その結果、消費行動へと結びつき、地域の経済活動が活発化することを、改めて認識すべきである。

　まずは、市内のものづくりについて市民に理解を深めてもらうこと、そのうえで事業所も一市民として末永く共存を図っていくことが課題である。

5　農業分野

　甲子園球場 63 個分。これは何の数字だか、わかるだろうか。

　1985 年から 2010 年までの 25 年間で、宝塚市全体で減少した農地面積である。1985 年に 589.3ha であったのが、2010 年には 344.9ha まで減少している。また、農家数で見ると、1985 年の 1160 戸が、2010 年には 677 戸まで減っている。いずれも、約 4 割減少した数字である。(世界農林業センサスから)

第8章　宝塚市の産業とまちの活性化　201

　昭和30年代は、市南部でも田畑が一面に広がっていた。1960年、当時の兵庫県農業試験場宝塚分場で交配されて生まれたイチゴの品種「宝交早生」は、その後のイチゴ栽培の主流品種となり、今では、その子、孫の世代の品種が全国の市場に並ぶ。宝塚の植木産業の歴史は言うに及ばないが、それ以外の農業生産も盛んであった事実を物語るものだろう。

（1）市北部——地産地消ブームが後押し

　上記のように、市全体での農業規模を示す数字は減少しているものの、市北部の西谷地域は、市街化調整区域に線引きされており、今でも自然いっぱいで農村風景を残す地域である。やはり、この地域では、これまでも、そして今後も、主要産業は農業であることに間違いはない。2010年における同地域での農地面積は232.5ha、農家数は365戸となっている。

　昨今、同地域での農業を推進する後押しになっているのが、食の安全に対する関心の高まりと、そこから派生した地産地消ブームである。西谷野菜として人気を呼び、市内の百貨店、スーパーなどでは、生産者の名前と顔写真の入った販売コーナーが作られている。また、休日には、定期的に市南部で朝市が開かれ、地場産の作物が都市住民に浸透しつつある。

　もう1つ、西谷地域は、イチゴ狩り、イモ掘り、クリ拾いなど観光農業が盛んなことも特徴だ。最北部の上佐曽利地区では、戦前からダリアを栽培しており、現在でも球根の生産高は全国1位のシェアを誇っている。夏から秋にかけて花つみ園が開園し、同地区には多くの観光客が訪れている。このほか、長谷地区には、市立長谷牡丹園があり、春には、島根県松江市、福島県須賀川市からの里帰り牡丹をはじめ、約2600株の牡丹が、愛好家の目を楽しませている。

　反面、農業者の高齢化による担い手不足が進み、耕作放棄地も増加

図 8-4　上佐曽利地区のダリア花つみ園

傾向にある。これらに正面から向き合いながら、今後は先行きが不透明な TPP（環太平洋パートナーシップ協定）など国の動向を見極めながら、どのように生き残っていく仕組みを作っていくか、宝塚市の農業は岐路に立っているといえる。

6　文化面

　私は、市役所の産業文化部という部署で仕事をし、その後、文化の仕事に携わることになったので、ここで文化面についても述べておきたい。
　民間の調査機関による地域ブランド調査で、2016 年、宝塚市のイメージは、「学術・芸術のまち」として全国 2 位（兵庫県内 1 位）となっている。100 年以上にわたって宝塚歌劇の本拠地として発展してきたことが、市民文化、とりわけ舞台芸術の振興に大きく影響を与えている。エリザベート王妃国際音楽コンクール作曲部門でグランプリを獲得した宝塚市出身の作曲家、酒井健治さんは、幼少時代に宝塚歌劇やベガ・ホールの音楽に触れる環境にあったことが、その後音楽家をめ

ざすきっかけとなったと語っている。宝塚市内には、宝塚歌劇団OG
が主宰するバレエや音楽教室も多く、将来を夢見る子供たちがレッス
ンに励んでいる姿をよく目にする。

1980年に音楽専用ホールとして建てられたベガ・ホールでは、外
国からの参加も得て開かれる国際室内合唱コンクール、若手音楽家の
登竜門となっているベガ音楽コンクールなど、年間にわたって質の高
い演奏活動が行われている。また、宝塚少年少女合唱団や中学校の吹
奏楽部、宝塚北高校演劇科の活躍もめざましい。

市民ボランティアで運営されている宝塚音楽回廊は、まちに一日中
音楽があふれるイベントとして、市民だけでなく関西一円から集まる
人々に親しまれている。

絵画、彫刻、書道、写真などの分野でも、多くの芸術家が宝塚市に
住まいを構え、創作活動を続けている。阪神・淡路大震災後、復興を
願って市内芸術家の手で武庫川の中州につくられた「生」の文字は、
映画『阪急電車』のなかでも紹介され、人々に勇気を与えるとともに
アート系芸術への関心を集めた。このほか、市内各地域では、秋にな
るとだんじりの巡行が行われるなど、伝統文化も息づいている。

(1) 活力を生む文化活動

このような文化活動は、一見経済活動には結びつかないように思わ
れるかも知れないが、市民の活力を生み、まちの元気を高めるうえで
欠かせない要因となっている。宝塚では、やはり経済と文化は切り離
して考えられない。市は、文化に対する市民の熱意を受けて、2013
年度に「市民の文化芸術に関する基本条例」を制定し、翌年度には「文
化芸術振興基本計画」を策定した。これに基づき、現在、(公財)宝
塚市文化財団や各種文化団体と連携し、新たな文化施策に取り組んで
いるところである。

市内には市民ホールがないという状況ながら、市民の文化活動はま

204　第3部　宝塚の産業

すます盛り上がりを見せている。行政としては、今後、ソフト面での支援を充実させることが課題である。

7　産業全体の活性化に向けて

　以上、文化面も含めた宝塚市の産業の現状と課題を、概括的に述べた。その共通した特徴は、数字的に見たとき、おおむね右肩下がりの状況にあるという点である。どの分野においても、取り巻く環境が厳しさを増しており、先行きに不安を抱えている。

　しかし、市内産業の縮小、雇用力の低下などが危惧される一方で、宝塚歌劇の華やかなイメージや文化芸術の薫りがする高級住宅街の都市イメージは、ほかの追随を許さない。

　また、宝塚歌劇や手塚治虫記念館、清荒神清澄寺、中山寺など、他市にはないオンリーワンの観光資源から身近な地域資源まで、宝塚市が有する豊富な資源、サービスは、誰もが認めることである。これらの総体が、いわゆる「宝塚ブランド」といわれるものである。

　2015年3月、知識経験者、産業実践者などで構成する産業活力創造会議がまとめた宝塚市産業振興基本戦略に係る提言書では、この「宝塚ブランド」に着目し、市民や事業者が創造性を発揮し、「宝塚の魅力や可能性を繋ぎ合わせて、発信していく」「地域資源を発掘し、磨き上げることで、付加価値の向上を図る」ことを謳っている。

　さて、これらのことから、今後、宝塚の産業活性化に向けてどのように取り組んでいくべきであるか。それは、個々の産業分野の枠を取り払い、「繋ぐ」「磨く」のコンセプトのもとに横断的に取り組むことである。これまでのあいだに、具体的に取り組み始めたことを、いくつか紹介する（表8-1）。

表 8-1　宝塚の産業活性化に向けた取り組み

観光を軸にした取り組み	宝塚歌劇との連携	宝塚大劇場での市民貸切公演、宝塚商工会議所青年部による市内小学生の歌劇招待、3 館（歌劇の殿堂、手塚治虫記念館、すみれミュージアム）共通券「宝塚花のみち夢みるパス」
	歌劇 OG との連携	OG まち歩きツアー、舞踏会、文化創造館でのノスタルジックコンサート
	大人のエンターテイメント	阪神競馬場の活用、夜の魅力スポットの紹介
	手塚治虫記念館	企画展における地域飲食店とのコラボ、手塚キャラクターの足元サイン設置、特別講演会での地域子ども会の参加
	アニメフェスタの拡充	ハロウィンでの盛り上げ、花のみちでのイルミネーション、地元商店街との連携によるスタンプラリー
	魅力ある店舗誘致	清荒神参道、市道月線での空き店舗活用助成
	公衆無線 LAN の設置	インバウンド向けに官民で設置
	宝塚バル	飲食店とのコラボで参加店舗、地域の拡大
農商工連携による魅力アップ	新たな農産（加工）品開発	西谷産山田錦による日本酒開発、太ネギの増産、市内スーパーで西谷野菜コーナーの設置、苺まるごとアイスクリームなど
	ダリアの普及	上佐曽利地区のダリア花飾りイベントを市内ショッピングセンターで開催、エディブルフラワーの開発
	おいしいまち宝塚	市内飲食店、菓子店と西谷農家とのマッチング、個店のレシピを学ぶ宝塚アカデミー
宝塚ブランドの新たな展開	宝塚ガーデンフィールズ跡地で、文化の拠点施設を計画	
	新名神高速道路開通（スマートインターチェンジ、サービスエリアの設置）に向けた特産品開発、観光 PR	
	「花の里　西谷」のビジョンづくり	
	「モノ・コト・バ宝塚」の選定と周知	
	ソーシャルビジネスへの起業支援	

おわりに

　私は、1955年、宝塚の駅前に生まれ、育った。昭和40年代、最もにぎやかで元気だった駅前界隈のまちの様子を眺めてきた。今でも、宝塚ファミリーランドでの子どもたちの歓声、建ち並ぶ旅館群、武庫川観光ダムに浮かぶボート、観光客が行きかう駅前商店街など、しっかりと記憶に残っている。

　そんな私が、市役所生活での最後の10年間、中心市街地の活性化や産業振興の仕事に携わることができたのは、自分を育ててくれたまちへの恩返しという気持ちもあって、たいへんありがたかった。関西学院大学との連携による都市再生の試みも、楽しく、意義深い活動だった。精一杯やったつもりだが、十分なことができず、むしろ失敗の方が多かったと反省しきりである。

　今、この仕事を振り返ってつくづく感じるのは、宝塚は不思議なまちということである。ふつう、産業振興策といえば、企業誘致であったり、設備投資への補助といった資金援助、異業種マッチングなどが主流である。もちろん、これらの施策は必要であるが、宝塚ではまた違ったコンセプトを併せ持たねばならない。

　宝塚市国際観光協会が長年使っているキャッチフレーズは、「夢をさがしに宝塚」である。そう、宝塚ほど、「夢」という言葉が似つかわしいまちはない。今後も、「夢」を求める人々の期待に応え続けるまちであるべきだと私は思う。そのためには、産業面でのテコ入れはもちろん、宝塚文化や市民活動といったオンリーワンの特徴を生かしたまちの活性化策を講じる必要がある。

　このまちが、次のステージでどのような夢を見せてくれるか、楽しみだ。

第9章

歴史から見る宝塚の温泉産業

小 早 川 　 優
（宝塚温泉旅館組合 組合長）

はじめに

　現在、宝塚の街は歌劇のある華やかな街として広く知られているが、温泉の街として栄えていた時代があることを知っているだろうか。大正から昭和の時代にかけて宝塚は、関西の奥座敷と呼ばれる一大温泉地であった。JRや阪急電車の宝塚駅が今の場所に在るのも、元々ここに良質の温泉が湧いていたこととも関係している。

　宝塚の駅から武庫川の宝来橋を渡ると、六甲山に繋がる細い山道が上っている。2kmほど登った登山道の途中に、潮泉山塩尾寺というお寺がある。この寺の山門を入った所に置かれた石碑には、宝塚温泉の起源について次のように刻まれている。

　「應神ノ朝天變多シ仍テ厄神明王ヲ境内ニ祀ル山谷鳴動シ鹽水湧出ス即チ神靈水ニシテ寶塚温泉ノ濫觴ナリト云フ」

　応神天皇の御代に天災地変が多発し、そのため境内に厄神明王を祀った。山や谷が大きな音を立てて揺れ動き、塩水が湧き出した。まさしく神の霊験ある水であり、宝塚温泉の始まりであるといわれると刻まれている。ここで宝塚の温泉が地震によって湧き出したといわれているのも、この山に走っている断層（五助橋断層・塩尾寺断層）と関わりが深いことがうかがえる。

　塩尾寺より更に数100m急な坂道を登った岩倉山の尾根には、砂山

権現と呼ばれる祠が現在も存在している。これは、応神天皇の異母兄の鹿弭坂皇子（母の大仲姫・弟の忍熊皇子は、共に中山寺に祀られるといわれる）を祀ったものと伝えられている。鹿弭坂皇子は、幼き応神天皇（異母弟）の母である神功皇后に皇位継承をめぐって戦いを企て、戦況を占う狩りをした際に猪に襲われ命を落としたというのが通説である。しかし「武庫山塩尾寺古縁起」によると、神功皇后との戦いにおいて負けを確信した鹿弭坂皇子は5人の従者とともに自害し、その6人の甲冑を当山に納めた。そしてこのことからこの山を六甲山と呼ぶようになったとしている。この言い伝えの内容が真実か否かは今となっては知る由もないが、六甲山の東の入口でもあり、古くより多くの参詣者を持つこの武庫山塩尾寺に永いあいだ伝承されて来たことから見ると、人々がこの武庫山を六甲山と呼ぶようになっていったと考えても不思議ではないのではないだろうか？　塩尾寺のある山は、古くより伊子志武庫山と呼ばれ、今もその名は、麓の方で地名として残っている。

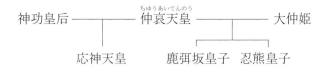

図9-1　仲哀天皇系図

　　　　摂陽群談　巻第三　山の部
　　六甲山　　武庫郡歌名所　武庫の續ヨリ有馬郡唐櫃村ニ至テ、皆武庫六甲ノ山内也　當山ハ仲哀天皇先后　大仲姫乃皇子　鹿弭坂　忍熊王　天皇崩シ給テ後　神功皇后ヲ惡テ兵ヲ發シ　三韓歸朝ヲ待　干時皇后知之給テ　武内宿禰ヲ遣シテ　軍慮ヲ以テ　鹿弭坂及ヒ五人ノ族臣ヲ誅シテ　山頭ニ埋ム　其甲首六頭ヲ以テ

六甲山と称ス　忍熊王ノ骸ハ　宇治川ニ沈ム　難波ニ流寄テ葬ル

今白鳥ノ窟ニアリ　山頭ヨリ有馬湯本ニ越道アッテ　六甲越ト号

ス樵夫如キノ者乃津甲越ト云リ　免原郡森村ヘ出ル所也

1　鎌倉時代

　1223 年に順徳天皇歌壇の歌人であった藤原光経がこの地「小林の湯」に湯治に訪れた際に詠んだ歌が残っている。当時の宝塚の周辺は、小林荘と呼ばれた荘園であった。小林は大変広い地域に渡っていたようで、現在の地図においても、六甲山系の船坂の手前までの地域が小林と記されている。「小林千軒」という言葉が残るほどで、その繁栄ぶりをうかがい知ることができる。その 2 年前の 1221 年に光経が仕えていた順徳天皇（当時は上皇）は、父の後鳥羽上皇とともに承久の乱を起こした責任を問われ、佐渡に流された。この湯あみの旅はそれから程なき時期でもあり、光経の心境はいかばかりであったか計り知ることはできないが、多くのほかの歌とは違い、旅に出た日付、歌を詠んだ日付や状況など詳しく説明をし、彼にとって何か特別な歌であったように思えてくる。「旅人の行き来の契り結ぶとも　忘るな我を　我も忘れじ」と温泉にしばらく滞在した後、その土地の遊女と小屋野（昆陽野）にて別れる際に詠んだとされる歌である。このことから当時すでに小林の湯の存在が京の都にも広く知られ、人々が湯浴みに訪れていたことがわかる。

2　室町時代

　室町時代には、この温泉と観音信仰を深く結びつける逸話も残されている。「寶塚本温泉霊塩水由来記」によると、12 代将軍足利義晴の時代に、この辺りに住んでいた貧しい 1 人の女性が、その日暮らしの

生活を懸命にしていた。頼る人もなく、貧しく心細い毎日の生活だけに、塩尾寺の観音菩薩への信仰は他人より篤く、朝夕に経文を唱え一心に身の加護を祈願していた。50歳になったときにどういうわけか悪瘡（皮膚の病）を患い、それが全身に広がり、仕事もできず食事に事欠くこととなり、大変苦しんでいた。わが身に降り掛かる不幸を嘆き、ついには観音さえも恨むまでに。するとある夜、夢枕に1人の高僧が立ち、あなたが若いときから信心を一心に努めたことにより、あなたに霊水を与えようと言った。武庫川の鳩ヶ淵の川下に大きな柳の木があり、その下に薬水がある。湯にして沐浴すれば、悉く病は癒えるだろうと言って、姿を消した。翌朝海伝という僧と言われたとおりにその柳の下を掘ると、果たして塩水が湧き出した。その味は潮よりも辛く、急いで湯にして体を洗うと、悪瘡がたちまち治癒したということだ。女性は喜びの涙にむせび、報謝の心で生涯観世音に仕えたそうだ。

　また一説によると、その後女性は益々信仰を深くし、塩水の湧いた場所にある大柳の木から十一面観音像を彫ることを望み、僧の海伝に相談した。そして、彫られた観音像を海伝が住む小庵に安置した。この噂を聞いて、来拝者が日々増加し、また霊験あらたかに示されることから、「塩出観音」「柳の観音」「療養の観音さん」と親しまれ、多くの人々で狭い境内は大変賑わったそうだ。

3　江戸時代

　江戸期に編纂された摂陽群談（1701年）・摂津名所図会（1798年）には、次のようにこの温泉のことが記されている。

　　　摂陽群談　巻第八　湯の部
　　　鹽 尾湯　　武庫郡伊刀志村ニアリ　土人ノ云　此湯山ノ半腹

ヨリ鹽水涌出ス　是ヲ汲テ温湯トナシ　浴スル者病悉癒　麓
ニ寺院有テ鹽尾寺ト号ス　救世ノ像ヲ安置ス　是偏ニ觀音ノ冥助
也ト云リ　亦此山、川面村に續ヲ以　川面ノ湯トモ云リ　一説有
馬温湯流レクダル餘水ト云、寺院モ此塩水ニ仍テ其号アリ　マタ
鹽尾ノ号ニ仍テ、鹽ノ尾ノ湯ト云歟

　　摂津名所図会　下巻七　武庫郡
　　鹽尾湯　　同所山下にあり　鹽水涌出す　これを汲んで温湯と
し浴する時は　能く痼疾を治す　有馬温泉ながれ来つてここに涌
出すともいふ　此山脈川面村に續く　此ゆゑに川面湯ともいふ

　この時代の書物には、塩尾の湯や川面の湯という名で登場する。こ
れを温めて入ると、長年悩まされて来た病気が治癒すると書かれたり、
また温泉の薬効は観音のご加護によるものであるとし、病に対する高
い治癒力を表すとともにこの温泉と観音信仰の結びつきの強さをここ
でも示している。

　また「有馬温泉が流れ下る餘水」とも評され、同じ六甲山系に湧く
有馬温泉の湯と何か関連があるのではと当時の人が考えていたことを
表している。有馬温泉も六甲断層 有馬高槻構造線という断層のライ
ン上にあり、また宝塚温泉も五助橋断層の上にあり、六甲山から東に
向けて、硬い花崗岩の岩盤を割って走る裂け目・断層を通して、地下
深くから湧き上がってきているものと推察される。

　また温泉場の近くで湧いていた炭酸泉を利用して焼いた炭酸煎餅の
発祥ともいわれる 1897 年創業の黄金家も、その屋号から推察するに、
温泉を黄金の湯と見立てて名付けたものであろう。また後に唄われた
宝塚節では、宝塚の温泉を「黄金とかしたおゆがわく」となぞらえた
り、ここにも温泉が、黄金色であったということを表している。

4 明治時代

　近代の宝塚温泉の開発は、明治時代にスタートした。山崎利恒氏の書いた「宝塚の由来と宝塚温泉」によると、当時、現在の宝塚温泉の場所は武庫郡良元村伊子志と呼ばれ、川を挟んで対岸は川邊郡川面村であった。岡田竹四郎という人が切畑桜木場にいて、農業をしながら牛を飼い、牛乳を大阪に売って生計を立てていたそうだ。その当時、牛乳は誰もが飲むものではなく、病人に飲ませる滋養強壮の薬として大変貴重なものであったようだ。冬の朝、いつものように牛乳を運んで武庫川の塩尾寺谷を通ると、辺り一面雪野原のなかで、なぜかいつもこの谷に限って積もっているはずの雪が解けて消えていたそうだ。不思議に思って村人に聞くと、「確かに塩尾寺谷には奇しい霊泉が湧き出していて、村の人達が病気になると、この水を汲んで来て温めて入浴し、すると病気が治ってしまうというので、大変不思議である」ということを聞かされたそうだ。これを聞いた岡田はこの霊泉を利用して温泉経営をしてはと考え、周辺の約 1km に渡る広大な土地を買い求めた。浴場の建設工事も順調に進み、いよいよ温泉の名前をどうするかということで、相談するために医師である山崎僊司氏の家を訪れた。山崎氏は、現在も清荒神にある山崎医院の先祖で、蘭学者の緒方洪庵とも交流のあった当時著名な医師で、種痘をおこなう除痘所もしていたそうだ。山崎は摂津名所図絵を見せながら、川面の裏山にあったといわれる旧跡「宝塚」にちなんで「宝塚温泉」と名付けてはと、提言したそうだ。摂津名所図絵というのは、江戸時代の旅行書のようなもので、ここにいう「宝の塚」は、古来伝承の古墳であったと考えられるが、昔からその周辺で物を拾うと福徳ありと言い伝えられて来た所だ。これにより「宝塚温泉」と命名され、1887 年 5 月 5 日にめでたく温泉場の落成式をおこなっている。

第9章　歴史から見る宝塚の温泉産業　213

　この温泉場の命名には諸説あり、温泉開発者の1人である小佐治豊三郎氏が1911年に記した「寶塚温泉發見以来の顛末」によると、「縁起の良い名称を付けようと田村善作（岡田竹四郎の本家）にすべての命名を一任し、温泉場のある伊孑志を寶塚と命名し」とあり、また小佐治が別に記した「寶塚創發温泉遠源誌」によると、「我々が爰に創業する温泉はなるべく縁起も好き名号を作らむと伊孑志の在る武庫山を寶甲に諷し号を寶塚とは命名せんと一致協賛乃上爰に寶塚温泉場乃成立を視る事になり」とあり、温泉場の所在地である伊孑志のある武庫山を宝甲に見立てて、宝塚と命名したと書いている。

　いずれにしてもこれらからわかるのは、この温泉が湧いていた場所は、当時は宝塚という地名ではなかったということである。

　では、なぜこの街の名前は宝塚になったのだろうか？

　元々この地域には、少なくとも江戸時代までは、宝の塚と呼ばれた古墳が存在していた。

　　　摂陽群談　巻第九　塚ノ部　河邊郡
　　　寶塚　同郡米谷村ニアリ此塚ノ許ニ於テ物ヲ拾フ者必幸アリ是ヲ以テ寶塚ト号ルノ所傳タリ

　　　摂津名所図会　河邊郡六下　米谷村
　　　寶塚　同村にあり　土人云く此塚の邊にて物を拾ふ時はかならず不時に福徳を得るとぞ

　では、その寶の塚の存在から、その地域に宝塚という地名が残っていて、今この街は宝塚という街になっているということかというと、実はそうでもないようだ。

　地名として残っているのは、江戸時代の検地の際のもので、2011年に直宮憲一氏によって書かれた「宝塚の歴史を歩く」によると、宝

塚市史編纂室の調査で最も古い記録として、「寛文12年（1672）の『摂州川辺郡安場村新開検地帳』で『宝塚　下々畑　十五歩　分米壱升忠右衛門・同所（宝塚）　下々畑　壱畝九歩　分米弐升六歩　同人』とある。」とし、また「元文3年（1738）9月に『宇治御役所』に出した『午年田畑地並合毛附帳』にも『宝塚・宝塚西・寺山』の地名がみえる。」としている。しかし宝の塚や寺山と呼ばれた場所はこの付近の可能性が高いと、最終的には推測で語られていることから、地名としての宝塚は後に消滅してしまっていることを表している。

　ではなぜこの街は宝塚となったのかというと、先ほどの温泉場の命名に関する話が出てきたが、1887年にこの地の温泉が「寶塚温泉」の名で開業したことがきっかけとなっている。そして10年後の1897年に開通した阪鶴鉄道（現在のJR）が温泉場の名前から取って宝塚駅とし、1910年に箕面有馬電気軌道（現在の阪急電鉄）が開通した際には宝塚停留所とし、その後に新温泉や宝塚歌劇が生まれ、宝塚の名は日本全国に知れ渡っていったのだろう。こう考えるのが、最も自然であると思われる。もしあのとき、温泉場が別の名称に決められていたとしたら、現在の宝塚の街の名は別の名前になっていたことだろう。その意味において明治の温泉場の命名は、この街にとって大変重要な意味を持っていたことがわかる。

　1887年の開場当時は、4軒の旅館が営業していたそうだ。分銅屋、桝屋、弁天楼、小宝屋と"寶"にちなんだ名前が付けられているのがわかる。

　現在、アサヒ飲料から販売されているウィルキンソンタンサン。これも元々は、宝塚が発祥である。1889年、イギリスより来日していたクリフォード・ウィルキンソンが兵庫県で狩りをしていたところ、たまたま塩瀬村の生瀬（宝塚駅から2kmほど上流）にて、炭酸水が湧き出している鉱泉を発見した。この水をロンドンの試験所に送って分析をしたところ、医療用・食卓用として世界的な名鉱泉であるとの

第9章　歴史から見る宝塚の温泉産業　215

お墨付きをもらった。そこで彼はこの鉱泉のビン詰を企画して、温泉会社からラムネ部門を譲り受け、塩谷川沿いの紅葉谷に工場を建てて生産を始めた。クリフォード・ウィルキンソン タンサン鉱泉株式会社の始まりである。

　宝塚の隣町の川西の多田という所には、平野の湯という江戸時代まで大変栄えた温泉場があり、ここでも 1881 年にイギリス人のウィリアム・ガウランド（William Gowland）が天然鉱泉水を発見した。これが後の三ツ矢サイダーである。彼は、大阪造幣局の技師であり、古墳の研究者としても有名で、現在大英博物館でも彼の考古資料はガウランドコレクションとして収蔵され、日本の古墳研究の貴重な資料となっているそうだ。

　このようにウィルキンソンも三ツ矢サイダーもこの付近で湧いていた天然の炭酸水であったのだが、どちらもイギリス人によりその価値が見出されていることからも、当時イギリスで良質の炭酸水が大変価値あるものであったことがうかがえる。

　「近代宝塚歴史紀行」（http://wilkinson-tansan.com/）によると、ウィルキンソンは、宝塚の温泉水を「仁王印ウォーター（NIWO MEDICINAL WATER TAKARADZUKA SPRINGS）」として輸出し、宝塚の温泉水が当時イギリスやほかの国で飲まれていたことがわかる。名前に「仁王」が使われたのは、「胃腸を仁王の如く強くする」という意味から名付けられた。欧米では「ソーダ」と呼ばれるのに対し、日本国内で今も広く「タンサン」と呼ばれるのは、ウィルキンソンの商標が一般化したからだ。国内はもとより国外 27 カ国にも販路を広げた。

　ウィルキンソンはタカラヅカを炭酸になぞらえて、タンサニアと名付けてリゾートとして売り出そうとしたり、イギリスの旅行書「マレーズ・ハンドブック」に紹介したりしている。

　宝塚温泉では、当時「酸い水」と「辛い水」と呼ばれた 2 種類の水

が湧いていた。この酸い水、酸っぱい水という意味だが、これが炭酸水で、周辺のいくつかの場所で自然に湧き出していた。宝塚名物の炭酸せんべいの名前も元々はこの炭酸泉を使って作ることから来ている。昔の人からは、宝来橋のたもとに湧いてた炭酸水をコップに汲んでは、そこに砂糖を入れてサイダーのようにしてよく飲んだと聞いたものだ。

　1892年には、タンサンホテルと名付けた欧風建築を建て、これは阪神間で初めてのホテルといわれている。1901年頃に王冠（クラウンコルク）を日本で先駆けて使用した。

　太平洋戦争が始まると工場は軍に接収されたが、終戦後再びタンサン工場として復活した。これを機に進駐軍向けの飲み物としてオレンジジュースの製造を開始し、1950年に"バヤリース"を作った。当初は進駐軍のアメリカ人向けの専用の飲み物だったが、1952年に一般向けに広く売り出されるようになると、国内でたちまち"バヤリース旋風"が巻き起こった。1990年まで同社工場は生瀬に昔のままの姿を保って残っていたが、現在は取り壊され、跡地には小さなウィルキンソン記念館が残っている。

　阪急電鉄の創業者の小林一三氏は、箕面有馬電気軌道の専務として1910年3月に宝塚温泉行きの電車を開通させた。この会社の名前でもわかるように、元々は、有馬温泉まで路線を敷くことを計画していたようだ。しかし地元の反対や途中の強固な岩盤や悪路などによる難工事が予想されたためか、このときは有馬までの開通は目指さずに、手前の小さな宝塚温泉を終点とした。小林一三氏も「宝塚生い立ちの記」のなかで、こう記している。「宝塚という名称は、以前には温泉の名であって、今日のような地名ではなく、しかもその温泉はすこぶる原始的な貧弱極まるものだった」。一三氏によると、当時の宝塚の武庫川東岸（今の宝塚大劇場の側）は、わずかに数件の農家が点在するのみで、閑静な松林の続く河原に過ぎなかったそうだ。

第9章　歴史から見る宝塚の温泉産業　217

　では、小林一三氏はどのような思いで宝塚に電車を引いたのだろうか。『宝塚漫筆』という書物のなかで記している。「箕面有馬電気軌道はその開通後、乗客の増加を図るためには、一日も早く沿線を住宅地として発展させるよりほかに方法がなかった。しかし住宅経営は、短日月に成功することは難しいので、沿線が発展して乗客数が固定するまでは、やむを得ず何らかの遊覧設備をつくって多数の乗客を誘引する必要に迫られた。そしてその遊覧候補地として選ばれたのが、箕面と宝塚の2つであった。こうして箕面にはその自然の渓谷と山林美を背景にして新しい形式の動物園が設置され、宝塚には武庫川東岸（左岸）の埋め立て地を買収して、ここに新しい大理石造りの大浴場、および瀟洒な家族温泉を新設する計画をたて、1911年5月1日に完成した。当時としてはモダーンな娯楽場として発足したのである。」と記されている。

　実際には、このとき元々の温泉側は、大資本が進出してくるということからか、どちらかというと期待よりも不安や恐れの方が大きく、温泉のお湯の供給なども余り好意的に協力しなかったというような話も聞いたことがある。しかしながらここに小林一三氏が電車を通し、娯楽場を次々と開発していったことが、宝塚温泉とその街を急速に発展させて行くことになった。

　1911年に建てられた宝塚新温泉は、ハイカラな洋風で、東洋一の浴場といわれた。当時の入湯料は、大人5銭・小人2銭。化粧室や涼み場を備えた特別風呂も設けられ、家族温泉と呼んだ。みやげ物売場があり、音楽室にはピアノなどがあり無料で使用できたようだ。

　当時の新聞などの広告が残っているが、川開き・武庫川原の寶さがし・電気芝居・納涼 臺 開き・活動寫眞・婦人博覧会などなど、宝塚へ誘客するための尽きないさまざまなアイデアが垣間見える。この時代の努力が、現在にまで続く宝塚の観光の始まりといえるのかもしれない。

5　大正時代

　1910 年の箕面有馬電気軌道の開通により、宝塚温泉への来訪者は
大いに増加し、それに伴い温泉街も発展をしていった。1914 年には
旅館の数が約 30 軒、料理を専業とするものも数軒あり、検番、芸妓
置屋もあって「脂粉匂ふ美人 5、60 人」もいたそうだ。そして米穀商・
雑貨商・洋酒商・八百屋・菓子屋・小間物商なども増えて、文字どお
りの温泉街となっていった。そして向かい合う武庫川の両岸は共栄を
願いながらも、新・旧温泉で発展への競争をはじめるということになっ
た。

　1913 年の 8 月 15 日、大阪時事新報の新聞には、現在まで行われて
いる花火大会（平成 28、29 年は諸事情により開催されていない）の
第 1 回の広告が載っていた。全国から花火師を集めて、武庫川の河原
で花火を競わせるという小林一三氏ならではの発想だ。当時から二日
間で 1 日 2000 発と変わらずおこなっていたようだ。日本でも最も歴
史ある花火大会の 1 つといえる。

6　昭和の時代

　旧温泉場は増改築を重ねた後、1928 年に建築家古塚正治氏設計の
洋風の「旧温泉ホテル」に建て替えられた。この建物は、1947 年に「宝
塚第一ホテル」と名称を変えた。第一ホテルのロビーの庭には温泉の
源泉があった。間欠泉で、地中の炭酸の圧力で約 30 分に 1 度、5 分
ほどのあいだ 2 階の屋根を超える高さまで噴き上がっていた。

　昭和の宝塚温泉は、関西の奥座敷と呼ばれ関西の財界・企業に利用
されたほか、家族連れにも幅広く親しまれた。1970 年の日本万国博
覧会の年がピークで、その年の宿泊者は、133 万人であった。約 60

図 9-2　旧温泉の間欠泉源

軒の旅館があり、芸者が 300 人はいたと聞く。万博のときは、どこも満室で泊まれる部屋がなく、宴会場の廊下でも良いので泊めて欲しいと言われたと旅館の経営者が話していたのを思い出す。

7　600万年以上前に海底でプレートに取り込まれた塩

　最近の研究で、有馬温泉や宝塚温泉のお湯に含まれる塩辛い温泉の源は、太平洋の海底で地球深部へと潜り込む巨大な板状の岩盤（フィリピン海プレート）が吸い込んだ海水だとの学説が、2013 年に京都大学の川本竜彦助教らにより発表された。プレートは、海溝近くで海水を取り込んでから地球内部に沈み込む。岩盤に取り込まれた海水は地中深くで温度や圧力が高まり超高温高圧になり、海水が上方のマン

トルに放出され、岩石のすき間を上昇し、温泉として地表に現れるという。はるか太平洋の深海水が数百万年かけて運ばれ、泉源になっているのではないかとしている。

川本助教によると、南海トラフから有馬温泉の直下までの240kmを年間4cmずつプレートが沈み込んでいると仮定すると、約600万年かかる。プレートから地表までどのくらいの時間をかけて上昇するかはわからないが、有馬や宝塚では少なくとも600万年以上前の海水起源の温泉水ということになるそうだ。フィリピン海プレートの堆積物が運び込んだ海水が途中で放出されて陸側のマントルに加わり、それが温泉水となって断層などの割れ目を伝って湧き出していると考えられている。特に有馬温泉と宝塚温泉には、マントル由来の成分が多く含まれているようだ。

現在宝塚温泉は、宝塚駅から武庫川を渡った所から300mほど上った紅葉谷に泉源がある。温泉の施設としては、建築家安藤忠雄氏が設計した市立宝塚温泉「ナチュールスパ宝塚」が、六甲山から下って来てちょうど武庫川に当たるところに建って温泉客を迎えている。都心より大変近い場所にあり、多くの人に喜んでいただける温泉である。

宝塚市内の温泉の浴客数は、1970年には37万人を超えていたものが、2014年には12万4000人と約3分の1に減少している。

泉質の特徴は、六甲山系の温泉の特徴で、鉄分、ナトリウム、カルシウムほか多くのミネラルを含んでいる。肌に優しくすべすべし、体の芯から温まり、一度温まるとなかなか冷めないと入浴客から喜ばれている。

泉質：含炭酸・含鉄・含弱放射能の塩化物強塩温泉
効能：神経痛、筋肉痛、関節痛、慢性皮膚病など

歴史を紐解くと、宝塚の温泉は元々人間の手で掘られたものでなく、

第9章　歴史から見る宝塚の温泉産業　221

古くより自然にこの地に湧き出していたことがわかっている。そのお湯の存在が、人々をこの地へ導き、街へと発展させた。現在の賑わいの源泉となっているわけだ。これからも街の貴重な宝である温泉を大切に守って行かねばならない。

第10章

植木産業の今とむかし

阪 上 栄 樹
（庭樹園 園主）

1 宝塚市の植木産業のあらまし

　宝塚市の山本地区には地場産業として長い歴史のある植木産業がある。山本の園芸・植木の歴史は古く、平安後期に坂上田村麻呂（758-811）を祖とする坂上頼次が開郷して以来千年を経ている。そのあいだ坂上家は代々園芸をたしなんできた。そして1593年、第34代山本荘司の坂上頼泰が接木法を発見し、この功績により豊臣秀吉から木接太夫の称号を贈られた。[第1章2節、第3章6節参照] また、2017年3月には園芸界に不滅の功績を残したことを称え、宝塚市より宝塚市特別名誉市民の称号を贈呈された。植物を増やすには種を蒔くか、挿し木または株分けという方法しかなかった時代に、この接木法の発見は画期的なことだった。この地域は以降一貫して、豊臣・徳川幕府より特別の保護を受けながら、植木産地を形成してきた。たとえば、豊臣秀吉の時代に、大阪・京都では生活の必需品以外のぜいたく品の販売は禁止されていたにもかかわらず、山本の花卉・盆栽・植木類は特別に販売が許されていた。また天明の飢饉（1782-1788）のときにも、田畑に植木・苗物一切の栽培禁止の布令が出されたが、山本村は特別の申し立てが認められ、従来通りに植木栽培が続けられたことが歴史資料に書き留められている。

　この接木法則の発見は、山本の園芸のみならず、日本の園芸史上に

金字塔を打ち立てたものといえるだろう。徳川時代に入り、接木法は牡丹の生産につながった。また一方、山林苗として、杉・桧（ひのき）なども栽培されてきた。その販売は近畿地方を中心に、遠くは九州、奥州にまでおよぶ広域な流通も展開されていた。明治時代に入り、洋種の導入が積極的に行われ、蘭、バラ、ユーカリなども栽培されるようになった。大正時代には、園芸熱が一般市民にまで浸透し、阪神間に住宅が激増したこともあり、庭園樹も広く作られるようになり、さらに大きな発展をとげたのである。そして昭和の初期には、園芸の品種は海外から集められ、飛躍的な進歩を示した。たいていの新しい品種は山本地区で試作され、商品化に成功。通信販売によって全国に売り出された。一方造園も需要が多くなっていった。各業種別の組合が生まれ、植木市や品評会が開かれ、海外の輸出入も盛んとなり、全盛期をむかえたのである。

　第二次世界大戦で壊滅状態になった山本の園芸は、再び不死鳥のごとく復活。戦前以上の盛況を呈し、今日に至っている。さらに新しい植木・園芸の発展を目指し、日々生産・販売の業に励んでいる。

　植木産業というのは古くからあり、特に明治時代までに産地形成された地域を、伝統的植木生産地域と呼ぶ。日本全国に埼玉県安行（あんぎょう）、愛知県稲沢、兵庫県山本、福岡県久留米と４か所あり、宝塚市の山本もその１つだ。これらの地域は東京、名古屋、大阪、福岡とすべて大都市近郊にあり、都市緑地としての機能や地域の歴史的景観としての機能も併せ持っている。

　阪急宝塚線で宝塚から４つ目の駅が山本駅だ。そのあたりを歩いたことはあるだろうか？　一度も来たことのない人は是非一度歩いてみて欲しい。阪神間のほかの地域とは異なった街並みの風景が見られるだろう。

　山本には1000年を超える歴史がある。その歴史に育まれた地場産業である植木産業も400年を超える歴史がある。そのなかで育まれた

技術の伝承と、時代のニーズにあった植物の生産・販売に対する取り組みで今日まで地場産業を支えてきた。

　ただ、この山本という地域は大阪や神戸にも近く、非常に良い場所に立地しているために、すべてが市街化区域に指定されており、いわゆる都市化が急速に進んでいる地域でもある。東京、名古屋、大阪の3大都市圏の市街化区域の農地は原則宅地並み課税の固定資産税が課税され、相続、転業、営業不振による廃業等でどんどん宅地化が進んでいるのが現状だ。この地域でのもともとの植木生産というのは、連作障害を回避するため1年稲作をし、2年かけて苗木を育てるという、最短でも3年サイクルの土地利用の生産形態だった。そして、植木生産というのは、ほかの農産物（野菜や米など）と異なり、高い収益性と生産性を持ち、かつては都市農業では最後まで残る部門であると思われてきた。

　しかし、都市農地の減少は目を見張るものがある。都市農地いわゆる市街化区域内の農地は1980年には全国で21万4836haあったのだが25年後の2004年には8万9211ha、さらに10年後の2014年には7万7072haとこの35年間で全国で約3分の1に、そして三大都市圏では4分の1近くにまで減少してしまっている。この35年間で毎日10.8haの都市農地が姿を消していったことになる。この面積は東京ドーム（4万6755㎡）2.3個分の広さに匹敵する。

　宝塚市の市街化区域の農地面積の推移も同様の傾向が見られる。1992年に222.6haあったのが、2013年には111.0haと20年間で半減した。その内訳を宅地化農地と生産緑地に分けて見てみよう。宅地化農地とは宅地並み課税を選択した農地のことだ。宅地並み課税という言葉を知っているだろうか。市街化区域内の農地にかけられる固定資産税のことで、農地でありながら宅地と同様の課税がされる。もう1つ生産緑地というのは、生産緑地法という法律に基づいて指定を受けた市街化区域内の農地のことで、条件はきびしいのだが固定資産税は

かなり減免される農地のことだ。1992年は宅地化農地が134.0ha、生産緑地が88.6haだった。それが2013年には宅地化農地が33.0ha、生産緑地が78.0haになった。高い収益性と生産性を持つ植木生産でも、評価の高い土地で高い固定資産税を払っては成り立たなくなっているのが現状だ。

どれぐらいの税額かというと、2010年で山本地域では宅地化農地だと、場所・地形にもよるが1000㎡当たり年額約30-60万円である。これが生産緑地だと約2900円である。この面積で稲作をすると約14-15万円の売り上げだ。植木生産だと樹種にもよるが、苗木生産だと150-300万円である。ただし、植木生産の場合は3年サイクルだから、1年当たりだと50-100万円ということになる。投下労働力を考えると宅地化農地では成り立たないのが実情である。このことは山本地域の農家戸数の推移にも見られる。1970年には農家の総戸数370戸、うち専業農家が100戸あったのだが、2000年には総戸数160戸、うち専業農家は25戸と1980年代から急速に減少してきており、この減少傾向が止まっていないのである。

先に述べた生産緑地の指定条件を簡単にまとめると、この3大都市圏ではひと筆（1つの区画）で300㎡以上あれば生産緑地法の適用が受けられ、市街化区域外の農地並みの課税措置が受けられる。ただし、生産緑地指定後30年間は営農が義務付けられ、農地の転用・売却は認められない。他者への貸し付けも認められない。このように今の法律は規制が強いため、後継者難などの要因や相続税等の問題もあり、現状では生産緑地も減少の傾向が見られる。

市街化区域内の農地では、農地と宅地の混在化が問題になっている。農業生産環境は悪化し、植木需要の減少と相まって、緑化産業の景気も悪い。将来に不安のある農家では生産緑地の指定を受けずにずるずると転用が進んで、店舗やアパート、マンション、駐車場のオーナーになっているのが現状だ。そのような規模の農家は後継者もうまく

第 10 章　植木産業の今とむかし　227

育っていないようである。その結果、1軒あたりの生産面積がますます少なくなり、農家経営は成り立たなくなってきている。地場産業衰退の要因はこの辺にある。今のままでは10年から20年後には生産面積、生産農家ともに大多数がなくなってしまうことだろう。

　植木農家の現状と課題をまとめると、都市部の植木生産地域は全国的に衰退し続けている。植木農家数が減少し、植木畑がマンションや駐車場、店舗などに変わっている。全国の植木の産地はどこも、「植木のまち」としての個性を失いつつある。もうすでに、失われてしまった地域も多くある。この状況が続けば、いずれ都市部の植木産地は崩壊してしまうだろう。全国的に都市部の農地が宅地化されていくなかで、都市農地の持つ多面的機能（緑のオープンスペース機能、環境保全機能など）はよりいっそう重要になってきている。

　植木産業といっても色々な業種があり、生産、卸、小売り、造園、貸し鉢等がある。ただ生産といっても植物の種類は非常に多く、小さな苗木、少し大きい中木、それ以上の成木、段作りや刈込んだ仕立て物、花の咲く花木、実のなる果樹、蘭、草花等の花物、盆栽、観葉植物等それぞれの業者によって得意な分野が異なる。どのような仕事でもそれなりの知識や技術が必要だと思うが、農業、特に植木産業にかかわり、その技術を習得するには、かなりの知識と経験と努力が必要だ。新しい品種もどんどん出てくる。数限りない植物を管理、育成していくには、生涯勉強が必要なのである。そういう知識の積み重ねや数々の経験が、造園という分野で居心地の良い、癒しの空間を作り出していくのである。

2　あいあいパークの取り組み

　地域の活性化と花卉植木産業の振興のため、宝塚市立宝塚園芸振興センターとして2000年4月にオープンしたのが「あいあいパーク」だ。

図 10-1　あいあいパーク外観

山本地域財産管理組合と市が出資して宝塚山本ガーデン・クリエイティブ株式会社を設立した。この地域の花卉植木関連業者が経営に当たっている。ここでは山本地域の豊かな経験者が、緑や庭に関するさまざまな相談に応じてくれる。

　時間があれば一度是非「あいあいパーク」のホームページを見てみて欲しい。トップページの最後の「知る」をクリックしてみると、「宝塚山本の歴史背景を知る」という項目があり、歴史を詳しく紹介したデジタルパンフレットを見ることができる。そして「宝塚・山本地区ガイドブック」という項目をクリックすると「植木のまちミュージアムガイドブック」を見ることができ、歴史ほか山本地域の業者や街並みも色々詳しく出ている。

　「あいあいパーク」は本書刊行の 2017 年で 17 年目を迎えた。黒字の三セクとしてさまざまな企画でがんばっている。6 年前の 6 月には、先の東日本大震災で大きな被害の出た大船渡市の小・中学校や仮設住宅へ、被災された方々を励まし、それらの方の心の癒しのために花を植えたプランターを届けた。その年の秋にはチューリップの球根やプ

第 10 章　植木産業の今とむかし　229

図 10-2　植木が多く見られる街路の風景

ランター、用土を送るというような奉仕活動も宝塚市内の園芸団体やロータリークラブ、もちろん市当局とも連携しておこなってきた。「あいちゃん」というゆるキャラもでき、色々なイベントに出場するようになっている。

3　植木産業の今後の取り組みと展望

2012 年 3 月に宝塚市が「花卉・植木のまち宝塚推進プロジェクト」を発足した。宝塚市の地場産業である花卉・植木産業は古い歴史をもち、現在でも毎月、植木市が開かれている。しかし、新たな振興産地の台頭や花卉・植木需要の変化など、現状は厳しい環境にある。そこで花卉・植木産業の活性化を促進させるため、「花卉・植木のまち宝塚」の情報を広く発信・定着させるとともに、経営競争力を高め、花と緑のまちづくりへの展開を推進しよう、というのがこのプロジェクトの目的だ。その取り組み方針として次の 3 点を挙げている。以下はその引用である。

・花と緑で彩られた「花卉・植木のまち宝塚」の実現に向け、市内外へPRをおこなうとともに、市民、行政、事業者が多様な取り組みをおこないます。

・花卉・植木産業のまちとして、これまで取り組んできた宝塚植木まつりや宝塚オープンガーデンフェスタの充実を図り、また宝塚ガーデンマスターの認定などにより、地域と市民の交流を促進し、かつ市民が主体となって活動できる場を創出します。

・花卉・植木産業は、その就業者数が減少傾向にあることから、新たな分野での地域振興策に取り組むなど、花き・植木業者の経営競争力を高めます。

具体的な取り組み内容としては、次の4点が挙げられている。

①「花卉・植木のまち宝塚」のPR強化

　・これまで実施されてきた宝塚植木まつり、宝塚オープンガーデンフェスタ等の植木関連イベントや市民向け園芸講座開催の拡充を図るべく、市民へのPRや参加協力を広く募ります。また、まち歩き観光への展開など観光振興策の一つとして市内外へ発信します。

　・あいあいパークや長谷牡丹園、ダリア園等の園芸関連施設や花の名所等をネットワーク化する観光ルートの整備を検討します。

②宝塚ガーデンマスター制度による展開

　・宝塚ガーデンマスターを認定するとともに、活動の場を創出します。

　・市民による緑化活動を推進するため、地域別シンボルツリー

や花壇の設置をおこなうとともに、地元業者や認定ガーデンマスターによる実施指導や講座の開催、各種関連情報の提供をおこないます。

③花卉・植木産業の活性化支援

・花と緑のまちづくり手法に関する研究開発および街路樹や公園、公共施設の緑化や植物管理について、関係部局と連携し、地域の花卉・植木産業の技術ストックやノウハウの活用を検討します。

・花卉・植木業者に向けて、技術・経営コンサルタント講座を開設し、技術力の継承とともに、経営能力を養うことで、競争力のある花卉・植木業者を育成します。

③新たな花卉・植木生産の促進

・既に流通している花卉・植木は、現在の住宅事情により、植栽場所やサイズ等が制限され、売上が伸びていないのが現状です。それに対応するため、既存の植木の規格など大きさや仕立て方を改良することにより、新たな「花卉・植木」の改良やブルーベリーなどの新たな品種の生産・販売を支援します。

　市の取り組みは以上のようになっており、いずれも達成目標は2021年度となっている。市としての取り組みには限度があると思うが、植木産業という分野の仕事は、今後共なくてはならない産業であると自負している。最初にも書いたが、市街化区域のなかで植木の生産圃場の風景は、街並みのなかでの緑としてもとても貴重なものだと思う。生活環境の保全機能としてはもとより、公益性も大きいものがある。この緑の景観はもっともっと評価されるべきだと思っている。ここ数年はウメ輪紋ウイルスの防除のため梅の木がなくなりウグイスも減っているようだが、春にはウグイスが啼き、四季折々の花が咲く

空間がここにはある。植木圃場を維持している者の1人として私も、道を通る人々に潤いと癒しを無償で提供させていただいているとの自負がある。しかしそう思わない人も多いのか、ごみのポイ捨て、犬のフンの放置、わざと枝を折って歩く、あまりのモラルの低さに情けなくなることも多くある。やるべきことはたくさんある。関連するそれぞれの事業者が、この地場産業を守ろうとさまざまな努力を講じている。

下水道が整備されたおかげで農業用水路の水はきれいになり、狭い水路だが、絶滅危惧種としてレッドデータブックにも載せられたクロメダカも戻ってきた。群れをなして泳いでいるのを見ると、心が癒される。トンボの類は水辺をよく知っているようで、そういう環境作りをすると自然に飛んで来る。イトトンボやオハグロトンボ、シオカラトンボにアキアカネなどが見られるようになってきた。ホタルの幼虫のえさになる巻貝の一種であるカワニナも増え、例年5月の連休明け頃からヘイケボタルも多く見られるようになった。私が子供の頃には、いたる所にあったごく普通の自然の風景だが、今それがなかなか見当たらなくなってきてしまった。小さな自然との語らいがあることで、街中での限られた空間でも楽しい時間を過ごすことができる。

この地域の扱う樹木の種類は1000種以上に及ぶ。生育に、何年、何十年と長い時間のかかるものばかりだ。そして、毎年の管理作業も必要なものばかりである。私の子供の頃からある樹木もたくさんある。そんななか、少数ではあるが、夢を継ぐ後継者も育ちつつある。私自身はこんな風に、木々の緑を守りながら色々な夢を持ち、技術の伝承と次の世代への橋渡し役としての日々を暮らしている。

最後になったが、21世紀は環境の世紀だといわれている。特に東日本大震災後は、省エネルギー、節電が声高にいわれているが、緑の必要性についても少し話しておきたいと思う。

人1人が普通に呼吸するためには、一体どれぐらいの樹木が必要か、

考えたことがあるだろうか。環境省の資料によれば、人の呼吸による二酸化炭素排出量は、年間1人当たり約320 kg。これは樹齢50年生の杉およそ23本分で吸収される量だ。ちなみに自家用車1台では年間約2300 kgで、同様に杉にすると160本分。1世帯の家庭から電気・ガスなどの使用による二酸化炭素排出量は年間約6500 kgで、杉に換算すると460本分になる。今の文化的な生活をするには、1人分の約8倍に当たる約180本の杉の木が1人に必要だといわれている。これがどれ位の量かというと、1haの森林で約15人分だ。日本の森林面積は2515万ha（国土3778万haの66.5%）だから、約4億人分だ。世界では推計で約70億の人とあらゆる生き物が、39億5000万haの森林から産出される酸素で生きているのだ。人口はまだまだ増える予想である。森が足りない、だから温暖化が進んでいく。古代より栄えた都市の近くには大きな森があり、森がなくなるとともにその文明は滅んでいった。日本は緑の豊かな国だが、場所があれば木を植えてほしいと思う。自分のためではなく、みんなのために。みながそのような意識を持つことができれば、この地場産業はもっともっと明るい展望が開け、夢のある産業分野になっていくと思う。

　もう1つ余談ではあるが、2000年に農林水産大臣から日本学術会議に対して「地球環境・人間生活にかかわる農業及び森林の多面的な機能の評価について」諮問がなされた。その答申のなかで農業と森林の多面的機能を金額によって評価・試算している。

　農業の多面的機能として洪水防止機能が3兆4988億円／年、水源涵養機能が1兆5170億円／年、土壌浸食防止機能が3318億円／年、土砂崩壊防止機能が4782億円／年で合計5兆8258億円／年。森林の多面的機能として二酸化炭素吸収機能が1兆2391億円／年、表面浸食防止機能28兆2565億円／年、表層崩壊防止機能8兆4421億円／年、洪水緩和機能6兆4686億円／年、水資源貯蓄機能8兆7407億円／年、水質浄化機能14兆6361億円／年で合計67兆7831億円／年。農業と

森林の多面的機能を合わせると 73 兆 6089 億円／年となり、日本の国家予算（2015 年度は約 96.3 兆円）にも迫る大変な額である。

　このほかにも、きれいな景色や心の安らぎ、野生動物の棲家など、お金では計れない大切な働きがたくさんある。人々はこの対価を払わずに当たり前のように日々暮らしている。緑があることによって人は生かされている。その緑を大切にし、関心を持ち、緑に関わる仕事に誇りと夢を持つ人が 1 人でも多くなることを祈っている。

［参考資料］

2001 年 11 月「地球環境・人間生活にかかわる農業及び森林の多面的な機能の評価について」日本学術会議答申。

2012 年 3 月「花卉・植木のまち宝塚推進プロジェクト」宝塚市発行。

おわりに代えて

　本書『たからづか学』の編集にあたっては、その構想段階から最終校正にいたるすべての工程において、関西学院大学出版会の田中直哉氏、戸坂美果氏に大変お世話になりました。お礼申し上げます。私にとっては、初めての書籍編集の仕事であったため、お二人にはその分余分な時間と労力を使っていただくことになりました。

　関西学院大学大学院研究科研究員の阪上由紀さんには、第7章の執筆にくわえ、Column01 のすみれとカバージャケットの挿絵作成、そして編集・校正作業をともに担っていただきました。お礼申し上げます。

　最後に、お忙しいにもかかわらず、各章の執筆をこころよくお引き受けいただいた先生方に心から感謝申し上げます。

　本書が、学生・研究者だけでなく、「たからづか」のまち、歴史、文化、自然、産業に関心のある人々に広く読まれることを、執筆者全員とともに願っております。

編集責任者　定藤　繁樹

　最後に補論として、本書出版の原点になった宝塚都市再生プロジェクトについて簡潔にまとめ本書『たからづか学』を完結したいと思います。

補　論

　本書は、関西学院大学と宝塚市による連携講座「たからづか学」の講義内容をベースに執筆されている。この講座開講の目的には、宝塚都市再生プロジェクトに参画する学生に「たからづか」についての基礎知識を提供すること、また受講生のなかから、このプロジェクトに参画する学生を増やすこともあった。本書編集の原点になった宝塚都市再生プロジェクトについて紹介したい。本プロジェクトは、関西学院大学・学生が主体的な役割を担って"産官学民"の連携を形成し、宝塚市の中心市街地を活性化するための取り組みであった。

1　背景と沿革

　宝塚都市再生プロジェクトは 2003 年秋頃に発足した。この当時、宝塚駅（JR・阪急）から宝塚南口駅にかけての中心市街地（図 補論-1）は、最盛時には 30 軒を超えた温泉旅館街の衰退にくわえ、宝塚ファミリーランドとして親しまれたテーマパーク・動物園の閉園、老朽化した駅前再開発ビルでの商業不振など多くの課題を抱えていた。ファミリーランドの閉園だけで、年間 200 万人にのぼる来客者が激減し往時の活気を失いつつあった。

　一方、宝塚市に隣接する西宮市に本部を置く関西学院大学は、"知の拠点"として多くの研究者と柔軟な思考・行動力のある学生を擁していた。教育・研究という伝統的な機能に加えて、大学の第三の使命である社会貢献機能（地域貢献、産官学連携、国際交流等）[1]を発揮し、その結果を研究・教育の現場にフィードバックして大学改革に結びつけることが求められていた。

　2003 年 8 月、宝塚市は中心市街地の活性化を図るため、全国都市再生モデル調査に応募した。関西学院大学と学生が主体性をもって、ユニークな再生ビジョンとプランを作成し、そのプランを産官学民の

連携を形成しながら実現するという意欲的、行動的な内容が評価され、この応募案は採択された[2]。このため本学では、教員11名、学生30数名による学長プロジェクトを編成して調査を開始し、2004年2月「宝塚リノベーションビジョン21」[3]を発表した。それと並行して宝塚市とのあいだに包括的な連携協定が締結された。

2004年度からは産官学民連携による「都市再生プロジェクト」と連携講座「たからづか学」が本格的に開始された。この都市再生プロジェクトは、その構想力や実効性などが高く評価され、2004年度文部科学省「現代的教育ニーズ取組支援プログラム」[4]に採択された。本学は国からの補助金を使って、宝塚南口駅近くの再開発ビル内に地域連携センターを開設し、ここをベースに更に多様な活動を展開した。このような先進的な取り組みは、内閣官房都市再生本部においても高

図 補論-1　宝塚市の中心市街地
(松本清一郎氏作成)

く評価され、2005年12月「大学と地域の連携協働による都市再生」
の全国モデル校として報告を行った。[5]

　2005年度からは大学の正規授業である地域フィールドワーク（通
年4単位）に位置づけられ学生の参画意識が高まり、2013年度の終
了までの9年間に延べ500名近い学生が参画して、商店街、自治会、
NPO団体、行政などと連携した多様な都市活性化活動を展開した。

2　都市再生プロジェクト

　この地域フィールドワークの推進にあたっては、民間企業の現役・
退職社員、フリーランスライター、個人コンサルタント、個人経営者
などの方を非常勤講師として任用し、その得意分野を活かして学生の
指導をいただいた。担当いただいたプロジェクト中から代表的・特徴
的なものの概要を紹介したい。

観光まちづくりプロジェクト

　宝塚市が国際姉妹都市関係を結ぶオーストリア・ウィーン9区を数
回にわたって訪問し、観光まちづくりのヒントや連携・交流を模索し
たプロジェクトである。この連携・交流の成果は、市民がつくる音楽
イベント・宝塚音楽回廊において「ウィーン祭」として紹介された。
また地元の音楽回廊実行委員会、阪急バス宝塚営業所、宝塚警察など
と連携して、音楽祭の各演奏会場を周回するループバスの運行を行っ
た。この取り組みは、社会人基礎力グランプリ（経済産業省主催）に
おいて準優勝などに輝いた。本学への交換留学生を対象に、地域の文
化・祭り・自然を紹介するインバンドツアーなども企画・運営した。

コミュニティ活性化・地域文化発信プロジェクト

　宝塚の地域コミュニティを活性化し、地域文化を発信することを目
的にして9年間活動を展開した。宝塚歌劇のエッセンスを伝えるため
の宝塚探検マップの作成、小学生とともにまちのPR映像の制作、文
化の魅力を再発見するまち歩きパンフレット作成、歌劇の華やかなイ

メージをキャンドルで演出するライトアップイベント、絵本作りに結びつくウォークラリーなどの数々の企画を、地元との連携協働によって実現した。ライトアップイベント「光のさんぽみち」では、まちづくり協議会・自治会、そのほかの住民団体や商店会など16団体と「宝塚ルネサンス実行委員会」を組織して、学生、住民、商業施設が協働したイベントへの転換に成功している。

商業活性化プロジェクト

学生のアイデアと行動力を活かして、駅前にある商業施設の活性化を図ったプロジェクトである。プロジェクト発足の初期には、商売経験のない学生と商店主とのあいだに馴染めないぎこちない関係があった。この壁を、店先で協働して接客したり、施設内の清掃をやることで解消してゆき、「グルメどんぶりフェア」「はじめてのおつかい」などユニークな取り組みで商店街の活性化を目指した。

メディアプロジェクト

宝塚の文化イベントである宝塚音楽回廊や宝塚映画祭への参画にチャレンジし、その後は目線を広げ、地元の小学校や福祉施設などと協働してウェブサイトや映像などのメディアづくりを行った。また映像とリアルイベントとの連携を通じて、情報発信とまちの活性化を目指した。

社会的課題解決プロジェクト

高齢者、子供、障がい者、商店街などが抱える社会的課題の解決を目指したプロジェクトである。高齢者の憩いの場を創出する「歌声サロンプロジェクト」、子供の食育を図る「いのちをつなぐ料理教室プロジェクト」、障がい者自立の家と連携した「世界に1つの絵本工房プロジェクト」、市内3つの商店街との連携を図るために広域連携協議会（学生が事務局）を組織して活動した「商店街活性化プロジェクト」などの多彩な取り組みを行った。「歌声サロンプロジェクト」では学生が商店街の活性化に繋がる高齢者の憩いの場・歌声サロンを運

営した。この取り組みは宝塚ブランド（宝塚市認定）に選ばれ、地域フィールドワークが終了した現在もボランティア活動として継続している。

3　まちの活性化と大学教育

関西学院大学・学生が主体となって取り組んだ都市再生プロジェクトについて、まちの活性化と大学教育の 2 つの視点から考察したい。
まちの活性化の視点から次のような評価ができると考える。

(1)　学生らしい感性・発想に基づく都市再生ビジョン（「宝塚リノベーションビジョン 21」）の提示

行政やコンサルタントなどの専門家が作成するビジョン・プランのような総合性や緻密さには欠けるが、"総花的ではない、的を絞ったユニークなビジョン・プラン"を提示できた。

(2)　宝塚市の地域資源を活かした多様な活動の展開

宝塚の観光、文化、商業、住民パワーなどの地域資源を活かして、観光まちづくり、地域文化の発信、商店街の活性化、高齢者・障がい者・子供の抱える課題対応などの多様な活動を展開した。

(3)　地元の商店街、自治会、NPO 団体、学校、行政などの組織・団体と連携した実効性のある取り組み

連携いただいた組織・団体からは、学生が一緒に活動を担うことによって異質の刺激を受け、新たな意欲・意識を喚起された例も報告された。また副次的な効果として、新聞やテレビなどのマスコミに取り上げられる機会が多くなり、地元商店街などの PR につながることも多かった。

教育面からは次のような評価ができると考えられる。

(1)　アクティブラーニング、PBL（Project Based Leaning）の学習効果

プロジェクトに参画した学生は、自ら課題を発見し、「正解のない

補論 241

課題」の解決に向かって主体的に考え、他の組織・団体と協力して問題解決にあたった。通常の大学講義では得られない、課題解決に向けての情報収集、アイデア創出、リーダーシップ発揮、メンバー間の協調性、組織マネジメント能力、コミュニケーション力、行動力などが養成され、人間成長に繋がったことを期待したい。

　(2) 実社会との距離を近くする効果

　たとえば、活動資金を獲得するため、自治体への補助金を申請するなどの作業を通じて、実社会との距離が近くなった。社会人基礎力[6]を養成する効果が期待される。

　地域と連携協働するためには、連携先のメンバーとのあいだに信頼関係を構築することが極めて重要であることを再認識した。学生による商業施設の清掃、自治会との早朝の周辺掃除など地道な活動によって信頼関係が醸成され、質の高い幅広い都市再生活動に繋がったのではないかと考える。

　大学・学生による宝塚都市再生プロジェクトを温かく受け入れていただいた地元の方々、宝塚市をはじめすべての関係者の皆さまに、心からお礼申し上げます。

　尚、宝塚都市再生プロジェクトについて関心ある方は、ぜひ次の紀要をお読みください。

　定藤繁樹（2015）「宝塚市と関西学院大学の連携による都市再生プロジェクト」『市史研究紀要　たからづか』 第 27 号 平成 27 年 3 月、宝塚市教育員会。

[注]

(1) 中央教育審議会（2005）『我が国の高等教育の将来像』答申。

(2) 内閣官房都市生再生本部によって公募され、2003 年度には全国の市町村・NPO など 644 件が応募し 171 件が採択された。

(3) 基本コンセプトとして、1．自然と景観を大切にする憩いのある街、2．クオリティライフを享受する街、3．エンターテイメント・芸術・文化を創造する街、の 3 項目を掲げ、そのベースとして、ひとづくり・新しい産業づくりを提唱した。

(4) 文部科学省が、社会的要請の強い政策課題（地域活性化への貢献、知的財産関連教育など）に関するテーマを設定・公募して、全国の大学・短大・高専が応募したもの。2004 年度には 559 件の応募があり、その内 86 件が採択された。

(5) 2005 年 12 月 6 日に開催された第 10 回都市再生本部会議（議長、小泉純一郎総理（当時））において、全国のモデル校として関西学院大学（甲子園大学、宝塚造形芸術大学（当時）と連携）と東北公益文科大学の 2 校が選ばれ、総理官邸で活動報告を行った。

(6) 2006 年から経済産業省が提唱している大学生に求められる能力。「前に踏み出す力」「考え抜く力」「チームで働く力」の 3 つの能力（12 の能力要素）から構成されており、「職場や地域社会で多様な人々と仕事をしていくために必要な基礎的な力」とされる。企業や若者を取り巻く環境変化により、「基礎学力」「専門知識」に加え、それらをうまく活用していくための「社会人基礎力」を意識的に育成していくことが重要になってきている。

執筆者一覧

定藤　繁樹（さだとう　しげき）─────（編者・はじめに・おわりに代えて・補論）
関西学院大学経営戦略研究科教授
　2003年より関西学院大学教授。アントレプレナーシップ、産学連携、新産業創成などを担当。グローバル・アントレプレナーシップ教育（GEE）研究センター長。地方活性化伝道師（内閣府）。
　著書：『ベンチャー企業論』（共著）、『ベンチャービジネスと起業家教育』（共著）、『新時代のコミュニティ・ビジネス』（共著）など執筆多数。
　2003年から関学・宝塚市連携による宝塚都市再生プロジェクトを主導。

河内　厚郎（かわうち　あつろう）──────────────────（第1章）
阪急文化財団理事・兵庫県立芸術文化センター　特別参与
　1987年より『関西文学』編集長を15年間務め、1997年、兵庫現代芸術劇場の特別参与に就任、阪神間という立地を活かした舞台芸術の企画を立案。
　著書：『淀川ものがたり』『わたしの風姿花伝』『阪神間近代文学論　柔らかい個人主義の系譜』、編著：『西宮文学案内』など。

髙橋　保裕（たかはし　やすひろ）─────────────────（第2章）
(公財)大阪観光局部長（阪急電鉄株式会社より出向）
　1995年関西学院大学院MBA修了。関西学院大学にて事業再生論、社会企業論など担当。2006年オーストラリアBOND大学院MBA。関西広域のインバウンド観光政策に尽力。現在、大阪樟蔭女子大学非常勤講師、関学GEE研究センター客員研究員。
　著書：『「事業・地域」再生イノベーション』（単著）、『新時代のコミュニティビジネス』（共著）など。

永田　雄次郎（ながた　ゆうじろう）──────────────────（第3章）
関西学院大学文学部教授
　大阪市生まれ。関西学院大学大学院文学研究科修士課程修了。1995年より関西学院大学文学部教授。宝塚市文化財審議委員。専攻：日本美術史。

服部　保（はっとり　たもつ）───────────────（第4章・Column 01）
兵庫県立南但馬自然学校校長・兵庫県立大学　名誉教授
　1992年から2013年兵庫県立大学（姫路工業大学）教授。能勢電鉄、サントリーホールディング（株）、住友ゴム工業（株）の顧問、アドバイザー。
　著書：『照葉樹林』（単著）、『環境と植生30講』（単著）、『植生管理学』（共著）など執筆多数。

瀬川　直子（せがわ　なおこ）———————————————（第5章）
エディター・ライター

　「月刊神戸っ子」で街づくりや文化発信に携わる。フリーランスとなり、街のエネル
ギー・人間のエネルギーを表現することをテーマに、各種全国媒体で企画・執筆多数。
社史・個人史を手掛け、宝塚歌劇についてはさまざまな切り口でアプローチしている。
2004年より関西学院大学非常勤講師。

太田　哲則（おおた　てつのり）———————————————（第6章）
台本・演出家　日本演劇協会会員

　1968年宝塚歌劇団に入団。台本・演出家。「ウェスト・サイド物語」で1968年度・芸
術祭賞文部大臣賞を受賞。2009年から、FMたからづかで番組構成およびDJを担当、
2016年からは「太田哲則のここわら」を担当している。

阪上　由紀（さかうえ　ゆき）————————————（第7章・Column 02）
関西学院大学大学院研究科研究員

　関西学院大学大学院文学研究科博士課程後期課程修了。博士（芸術学）。2015年より
関西学院大学非常勤講師。宝塚で生まれ育ち、宝塚歌劇の作品研究を専門とする。

山本　寛（やまもと　ひろし）———————————————（第8章）
宝塚市文化財団常務理事兼事務局長

　1978年宝塚市役所勤務。2006年都市再生課長となり関西学院大学との連携協定に基
づく宝塚都市再生活動に従事。2012年に産業文化部長。2016年に定年退職。2017年
7月から現職。

小早川　優（こばやかわ　まさる）———————————————（第9章）
株式会社若水 代表取締役

　1999年よりホテル若水社長。宝塚温泉旅館組合組合長、宝塚市国際観光協会会長。

阪上　栄樹（さかうえ　えいき）———————————————（第10章）
庭樹園 園主

　1977年から庭樹園勤務、1990年より園主。1998年樹木医資格取得。2008年より宝塚
山本ガーデン・クリエイティブ（株）取締役。2010年より同社事業推進委員会委員長。

たからづか学
まちの姿と歴史文化が語る宝塚

2017 年 10 月 5 日 初版第一刷発行

編著者　定藤繁樹

発行者　田中きく代
発行所　関西学院大学出版会
所在地　〒 662-0891
　　　　兵庫県西宮市上ケ原一番町 1-155
電　話　0798-53-7002

印　刷　協和印刷株式会社

©2017 Shigeki Sadato
Printed in Japan by Kwansei Gakuin University Press
ISBN 978-4-86283-247-4
乱丁・落丁本はお取り替えいたします。
本書の全部または一部を無断で複写・複製することを禁じます。